GONGDIAN YOUZHI FUWU JINGXUAN 30 WEN

供电优质服务
精选30问

主　编　严　峻

副主编　雷晶晶

中国电力出版社
CHINA ELECTRIC POWER PRESS

内 容 提 要

本书以一问一答的形式，对典型电力营销优质服务的基本方法进行了介绍。全书共 30 问，把电力营销优质服务理念及方法与当前电力营销实际工作中所遇到的相关问题有机地结合起来，力求适应当前电力体制改革背景下的新形势与新要求。为了适应具体问题要求，在每一个教学情景都设置了具体案例分析，组织实施的方法，供读者参考。

本书可作为电力企业职工的培训教材，对电力营销服务人员、技能人员具有较强的针对性和适应性，也可作为电力高职高专供用电专业学生教材、自学教材和参考书。

图书在版编目（CIP）数据

供电优质服务精选 30 问 / 严峻主编. —北京：中国电力出版社，2019.5
ISBN 978-7-5198-3116-5

Ⅰ. ①供… Ⅱ. ①严… Ⅲ. ①供电–工业企业–商业服务–中国–问题解答 Ⅳ. ①F426.61-44

中国版本图书馆 CIP 数据核字（2019）第 078920 号

出版发行：中国电力出版社
地　　址：北京市东城区北京站西街 19 号（邮政编码 100005）
网　　址：http://www.cepp.sgcc.com.cn
责任编辑：罗　艳（010-63412315）　王　南（010-63412876）
责任校对：黄　蓓　常燕昆
装帧设计：张俊霞
责任印制：石　雷

印　　刷：北京时捷印刷有限公司
版　　次：2019 年 5 月第一版
印　　次：2019 年 5 月北京第一次印刷
开　　本：710 毫米×1000 毫米　16 开本
印　　张：9
字　　数：128 千字
印　　数：0001—2000 册
定　　价：48.00 元

前言 Preface

电力的产、销、用是一个庞大复杂的系统工程，它涉及整个社会、每个领域，涉及国家相关政策和各种管理体制，牵一发而动全身。其中电力营销环节是相当重要的，只要在电力产、销、用环节中发挥好电力营销服务的作用，就能不断促进电力的良性循环，并产生良好的社会效益。

随着电力体制改革与电力市场化的深入开展，我国电力市场进入了以市场需求为导向，满足客户需要为目的的新阶段，电力营销工作要求是以市场和客户为导向，以效益为中心，以法规政策为准则，推进电力营销体制、机制和管理创新，加大市场开拓力度，增强竞争能力，提高电网公司电力市场占有率；坚持依法治企，依法经营，树立诚实守信的企业形象。应该从工作机制、组织形式和保障机制三个方面，着力构建以客户为中心，以"主动、智能、精准、优质"为特征的现代供电服务体系，落实国家电网有限公司"八大服务工程"，实施供电服务"连心桥"工程，实现服务人民生活更美好的能力显著增强，城乡供电能力和可靠性水平明显提高，人民群众获得感、幸福感、满意度全面提升。

当前，基层供电企业优质服务存在观念、能力、效率、保障等问题，抓好优质服务需从"基、愿、能、会、促"五个字上下功夫，保障企业健康发展。优质服务是供电企业的生命线，基层供电企业在强化优质服务工作中，服务意识有所增强，服务质量和水平有所提高，企业形象有所好转，客户和社会的认可度有所提升，但也存在着不容忽视的问题。

通过对 30 个问题及案例进行分析，使读者掌握面对相关服务问题的处理方法与程序，并且具备开展一些用电业务服务工作的能力。本书第一问至二十问由严峻编写，第二十一问至三十问由雷晶晶编写。

为了适应当前电力营销新形式的需要，结合供电企业电力营销工作特点，总结多年教学经验编成此书。通过本书的学习让读者充分认识到电力营销工作的法规性、管理的规范化和优质服务要求，为培养高素质技能型人才提供有力保障。在本书编写过程中参考了大量书籍和文献，不能一一列举，并得到国网四川省电力公司营销部的支持与帮助，中国电力出版社有关同志在编写过程中和出版过程中做了大量的工作，在此一并致谢。

由于编写过程仓促以及编者水平有限，书中疏漏之处在所难免，恳请广大读者批评指正。

编　者

2019 年 5 月

目录 Contents

一、 国家电网有限公司宗旨是什么？

人民电业为人民。

1. "人民电业为人民"的基本内涵

国家电网事业是党和人民的事业，要坚持以人民为中心的发展思想，把为人民服务作为公司一切工作的出发点和落脚点。

2. 正确理解"人民电业为人民"的公司宗旨

在当下，"人民"是一个高频词，无论是它出现在党的十九大报告里，还是出现在各种工作场景中。

进入新时代，"以人民为中心"的核心理念已成为一切工作的出发点和落脚点。作为国民经济中流砥柱的国有企业，如何在发展过程中既能壮大国家综合实力，又能更好地保障人民共同利益，是其一直面临的课题。

"人民电业为人民"是习近平新时代中国特色社会主义思想"以人民为中心"的核心理念在电力行业的集中体现，也是电力行业初心和使命的高度概括。多年来，国家电网有限公司（简称公司）坚持人民电业为人民的企业宗旨，把提高供电服务水平作为满足人民美好生活需要的基本内容，为超过11亿人口提供安全可靠、经济高效的电力供应。

随着人民对美好生活需要的日益增长，人们对电力供应的依赖性越来越强。为此，公司提出加快构建以客户为中心的现代服务体系，深化营销服务"网上国网"建设，实现交费、办电、能源服务等业务"一网通办"，线上线下服务无缝对接，畅通服务"最后一公里"，真正把为人民服务落到实处。

为进一步践行企业宗旨，行使企业使命，公司提出打造"三型"（枢纽型、平台型、共享型）企业、建设运营好"两网"（坚强智能电网、泛在电力物联网）的战略目标，以向用户提供更安全、智慧、经济、便捷的综合能源服务，并最终建成世界一流能源互联网企业。

"枢纽型"体现国家电网有限公司的产业属性。国家电网有限公司是贯通发电侧与需求侧的中枢，是能源电力行业中能量流、信息流汇集最为密集的地方，建设运营好"两网"能够为发电侧出力的远距离传输、大规模新能源并网以及需求侧用户安全用电、综合能效提高提供有效支撑，从而凸显电网公司在保障能源安全、促进能源生产和消费革命、引领能源行业转型发展方面的价值作用。

"平台型"体现国家电网有限公司的网络属性。未来的国家电网是具有全球竞争力的世界一流能源互联网企业，将以"坚强智能电网"和"泛在电力物联网"为支撑，汇聚各类资源，促进供需对接、要素重组、融通创新，打造能源配置平台、综合服务平台和新业务、新业态、新模式发展平台，使平台价值开发成为培育电网公司核心竞争优势的重要途径。

"共享型"体现国家电网有限公司的社会属性。通过建设运营好坚强智能电网和泛在电力物联网，支撑电网公司与用户及其他主体的信息互动、技术交流与业务合作，共同打造共建共治共赢的能源互联网生态圈，实现电网公司与用户及其他主体的数据共享、成果共享与价值共享。

建设"坚强智能电网"的着力点是在供给侧，支撑能源供给侧改革。通过特高压骨干网架进行电力的大规模、长距离稳定输送，解决三北、西南的风、光、水清洁能源消纳问题；通过智能配电网支撑间歇性分布式电源的有效并网，解决分布式电源协调利用困难问题。以上两种方式将是我国当前乃至未来一段时间内都将以为主的电力资源优化配置手段。

建设"泛在电力物联网"的着力点是在系统"源—网—荷—储"各环节末梢，支撑数据采集和具体业务开展。通过广泛应用大数据、云计算、物联网、移动互联、人工智能、区块链、边缘计算等信息技术和智能技术，汇集各方面资源，为规划建设、生产运行、经营管理、综合服务、新业务新模式发展、企业生态环境构建等各方面，提供充足有效的信息和数据支撑。

3. 具体案例

➜ 案例一　灯亮了，心才能安

【事件过程】

"很感谢供电部门的同志们，为我们免费装上电表和灯具，让我家温暖、明亮了"，王某眼里闪着泪光对电力员工说道。

王某一家属于残疾家庭，经济条件特别困难，一家四口人劳动力几乎为零，就靠王某种地得来的微薄收入和政府的支助，艰难维持生活。一家人住的房子是政府出资修建，由于经济条件不允许，甚至连一个电灯也买不起，负担不起装电表的钱，只能借着路灯微弱的灯光进行照明。

得知情况后，当地供电公司高度重视，义务出资为王某家购买电表和电灯，并立即组织筹划通电事宜，周末时间加班加点，在最快时间为其通电，并以最大的优惠让王家用上电。

【取得效果】

现代社会，电力已经成为日常生活不可或缺的重要能源，用电问题关乎民生大事。本案例中，该供电公司闻讯后，主动作为，集中力量解决老百姓最关心、最困扰的用电实际问题，让老百姓切实得到实惠，真正实现"人民电业为人民"的承诺。

➜ 案例二　当虾农遇上"私人订制"

【事件过程】

某年 3 月，某村农业合作社下属的对虾养殖合作社因新增对虾养殖业务，现供电容量无法满足其业务发展，办理新装用电迫在眉睫。通过咨询客服人员得知，10kV 用户办电依照正规流程须经报装审理、方案制定、设计、施工等环节，在时间上势必将严重影响今年的对虾养殖。季节不等人，错过关键育苗时节，虾农们将一年无收成。

当地供电公司考虑到事情的紧迫性，立即召开班子会议，专门制定了该客户的送电方案，20 天后，虾农申请的对虾养殖新装用电工作全部完成。

【取得效果】

供电公司考虑到客户用电申请的紧要性和特殊性，本着"人民电业为人民"的服务宗旨，结合实际情况，制定紧急客户专属送电方案，同时启动办电绿色通道，统一协调各环节，急事特办。仅用 20 天，新装用电工作全部完成。

为民所急，真诚高效，虾农的"私人订制"是公司服务社会、服务百姓的一个小小的工作缩影。

二、 企业理念是什么？

以人为本、忠诚企业、奉献社会。

1. "以人为本、忠诚企业、奉献社会"的基本内涵

"以人为本"是以实现人的全面发展为目标，尊重人、关心人、依靠人和为了人。公司视人才为企业的第一资源，坚持以人为本、共同成长的社会责任准则。公司善待员工、切实维护员工的根本利益，充分尊重员工的价值和愿望，保证员工与企业共同发展；公司善待客户，以客户为中心，始于客户需求、终于客户满意；公司善待合作伙伴，互利互惠，合作共赢，努力营造健康、和谐、有序的电力运营和发展环境。

"忠诚企业"是热爱企业、关心企业，为企业尽心尽力，忠实维护企业利益和形象。公司通过建立完善规范有序、公正合理、互利共赢、和谐稳定的社会主义新型劳动关系，为员工发展提供机遇和舞台，充分调动员工的积极性、主动性和创造性，赢得员工对企业的忠诚。

"奉献社会"是关爱社会、服务社会、回报社会，履行社会责任。公司坚持发展公司、服务社会的社会责任目标，以公司的发展实现员工成长、客户满意、政府放心，促进经济发展、社会和谐。公司及员工热心社会公益，遵守社会公德，引领社会良好风尚，树立公司开放、进取、诚信、负责的企业形象。

2. 正确理解"以人为本、忠诚企业、奉献社会"的企业理念

"以人为本、忠诚企业、奉献社会"的企业理念是公司处理与员工、电力客户、合作伙伴及社会之间关系的基本信条和行为准则。

3. 具体案例

➔ 案例一　齐心协力"铸"金牌　争分夺秒"抢"电量

【事件过程】

　　某年 4 月 6 日，某化工企业向当地供电公司申请容量为 17 600kVA 的专线高压供电。该客户一期煤化工项目是该市一项重点工程，设计规模生产甲醇 16 万 t/年，配电容量 17 600kVA，是供电公司重点服务对象之一，也是该年供电公司售电量重要增长点之一。供电公司将该项目列入公司高成长性用电服务对象，并指定专门人员对其实行"一对一"全过程跟踪服务。

　　供电服务人员多次到现场了解客户电需求，并邀请客户商谈供电方案和双方配合问题，每项工作具体落实到人，在最短时间内确定了供电方案。同时负责此项目的客户经理全程负责协助客户协调工程进度，整个供电工程项目按计划顺利进行。

　　4 月 14 日，客户申请竣工验收，并提出了于 4 月 18 日供电的要求。由于工期紧张，客户的一些技术资料和设备说明书没有及时到位，无法进行定值计算。供电公司主动与客户委托的施工、设计公司联系，让供货厂家通过互联网发送电子版说明书和有关技术资料。4 月 17 日晚，调度中心连续加班工作，完成定值计算并及时出具定值报告。4 月 18 日上午，按照工作计划供用电双方顺利签订供用电合同和调度协议，4 月 18 日下午供电公司进行竣工验收，17 时 30 分验收完毕，高压室具备投运条件。现场调度人员和生产技术部联系，请生产技术部工作人员携修试保护人员现场配合准备设备投运。20 时 23 分，调度开始下令进行设备操作。22 时 40 分，经过两个多小时的程序操作，投运工作圆满结束，在客户要求时间范围内完成送电工作，满足了客户的用电需求。客户对供电公司的服务非常满意，向供电公司赠送了锦旗和表扬信。

【取得效果】

　　供电公司以强烈的市场意识和精心的市场准备，认真履行供电服务承诺，为供电企业赢得了客户好评。"以客户为中心，以市场为导向"是供电营销服务工作的指导原则。供电公司凭借强烈的责任感和使命感，以超前的服务意识、真诚的服务行动赢得了客户赞誉。"时间赢得效益，责任铸就金牌"，供电公司正是本着"度电必争"和"争创金牌"的精神，以争分夺秒的工作态度，各部门的通力合作，既树立了国家电网公司良好服务形象，又为企业赢得了新的电量增长点，取得了社会效益和经济效益的双丰收，用实际行动完美诠释了国家电网公司"真诚服务，共谋发展"的服务理念。

➔ 案例二　电量突增来咨询　客户代表不受理

【事件过程】

某年 11 月，客户李先生到当地供电所反映他家当月的电量高达 728kWh，远远超过了以往任何月份的电量，客户认为电表肯定有问题，要求帮忙解决。接待他的营业厅客户代表小周告知说："电表转动过快可能是由于漏电引起，您可以回家后将开关、插头等电源断开，目测电表是否还会走。"李先生回家做过试验后，于当天下午再次来到供电所反映其家中并无漏电情况。客户代表小周只简单回复说："那我们就不清楚了，我们电表应该是准的，你自己回家处理吧。"对该事件，客户代表小周没作任何记录，也没有向供电所负责人汇报。第二天，李先生再次到供电所反映该情况，仍没有得到满意答复。4 天过去了，供电所始终没有安排人员来检查，李先生十分生气就拨打了电视台维权热线与 12315 投诉电话进行了投诉。

【违规条款】

（1）《国家电网公司员工服务"十个不准"》第五条规定："不准违反首问负责制，推诿、搪塞、怠慢客户。"

（2）《国家电网公司供电服务规范》第四条第二款规定："真心实意为客户着想，尽量满足客户的合理要求。对客户的咨询、投诉等不推诿、不拒绝、不搪塞，及时、耐心、准确地给予解答。"

（3）《国家电网公司供电服务规范》第二十一条第五款规定："熟知本岗位的业务知识和相关技能、岗位操作规范、熟练，具有合格的专业技术水平"，以及《供电营业规则》第七十九条"客户认为供电公司装设的计费电能表不准时，有权向供电公司提出校验申请。"

（4）《国家电网公司供电服务质量标准》6.10 条规定："受理客户咨询时，对不能当即答复的，应说明原因，并在 3 个工作日内回复。"

【暴露问题】

（1）客户代表对首问负责制没有执行到位，工作责任心不强，对客户反映的问题不能尽心尽责妥善处理。

（2）客户代表业务不熟悉，对客户反映电能计量装置不准时，应采取哪些方法正确处理掌握不到位。

（3）客户代表职场经验严重不足，对自己无法解决的业务问题，应如实记录，并尽快求助业务主管，才能最终解决客户的问题，而不是搁置不理。

【措施建议】

（1）应加强客户代表对首问负责制的落实，培养客户代表遇问题勤记录、找答案的工作习惯。

（2）加强客户代表的技能和业务知识培训，收集常见投诉与问题，定期组织客户代表对投诉事件或业务问题进行分析学习，提升客户代表解决实际问题的能力。

（3）提高 95598 供电服务热线的社会知晓度，尽量引导客户将与用电业务有关的诉求通过 95598 供电服务热线解决，使矛盾尽量化解在企业内部。

【案例点评】

基层供电所可以形象地比喻为供电公司的末梢神经，它是我们的企业渗透到社会组织中的"细胞元"，在这里客户代表可能接触到各种各样的客户，面对各种各样的客户诉求，能最直接感受到客户对供电服务的满意程度。因此，加强基层客户代表的业务能力培训、职业素养培育，逐步建设一支综合业务实力强、服务意识浓厚、沟通应变能力突出的基层客户代表团队，是做好电力营销服务的基础。建好这个优秀的团队，才能更好地满足客户各式各样的服务需求，将供电公司"以人为本"的服务理念真正播撒到基层民众心中。

三、 企业核心价值观是什么？

1. 以客户为中心，专业专注，持续改善

"以客户为中心，专业专注，持续改善"的基本内涵是坚持把以客户为中心的理念贯穿于公司生产经营全过程，以市场需求为导向，大力弘扬工匠精神、专业精神，不断提升专业能力和水平，集中精力、心无旁骛，以钉钉子精神做好每一项工作，永不自满、永不停顿，努力做到今天比昨天做得好，明天比今天做得更好。

2. 具体案例

➡ **案例一 张贴告示解释停电原因 细致到位送去温馨服务**

【事件过程】

某天下午，客户反映位于某路中段的一个小区三百余户居民有近半数家里突然没电。供电值班人员迅速赶到现场，经检查证实属于客户内部故障。物业公司虽然清楚是自己的设备出现故障，但苦于能力有限请求帮助支援。供电公司了解情况后，急客户所急，想客户所想，一边迅速召集员工安排对客户设备巡视检查、试验、抢修，一边要求相关人员迅速告知95598具体情况，并在该小区醒目位置张贴告示，解释停电原因，告知抢修进度，满足客户知情权，取得客户谅解与支持。

20时，客户设备依然在紧张的抢修中。为方便小区客户，供电公司临时决定买来蜡烛为小区客户免费分发。第一次听说供电公司免费发蜡烛，群众无不交口称赞。经过积极抢修，21时过该小区供电恢复。

【取得效果】

停电不但没有造成不良社会影响，反而得到客户的理解和支持，拉近了

电力企业跟客户之间的距离，树立了电力企业的良好服务形象。

为广大电力客户提供"优质、方便、规范、真诚"的供电服务，既是电力企业员工的立身之本，也是国家电网公司实现建设"一强三优"现代公司战略目标的必要条件。一张告示明确了客户与供电企业的责任归属，小小蜡烛代表着供电企业细致入微的服务。优质服务是供电企业的生命线，是供电公司拓展市场的通行证，是打造电力品牌的根本途径。服务就是形象、服务就是品牌、服务就是企业的根本所在。面对日趋激烈的市场竞争，必须转变思路，将优质服务工作化为自觉的行动，在细微之处彰显优质服务新理念。

➜ 案例二　抢修人员技术差　招致客户不满意

【事件过程】

2 月 26 日，某客户反映电表进线虚接致使经常停电。供电抢修人员李某到达现场，经检查后告诉客户："电表有电，进线没问题，其他问题自己找物业处理。"客户找到有偿收费电工，经电工检查后发现确实是电表进线有问题。

3 月 3 日，客户再次拨打 95598 报修，抢修人员李某再次到达现场后将电表的进线重新接了一次，就告诉客户没问题了。3 月 5 日，客户第三次报修，抢修人员李某到现场后没有经过检查就告诉客户没问题，客户马上将有偿收费电工找来，在该电工的指导下，抢修人员李某才将电表的进线彻底处理好。

由于 3 次为用户抢修的都是同一位抢修人员李某，客户认为抢修人员技术水平不高，在抢修工作范围内还让客户自己找有偿电工处理，造成了客户不必要的经济付出。客户对此向供电公司进行了投诉，要求供电公司有关部门调查情况后给予解释，同时赔偿客户聘请有偿收费电工所支付的费用。

【违规条款】

(1)《国家电网公司供电服务规范》第四条第五款规定："熟知本岗位的业务知识和相关技能，岗位操作规范、熟练，具有合格的专业技术水平。"

(2)《国家电网公司供电服务规范》第四条第二款规定："真心实意为客

户着想，尽量满足客户的合理要求。对客户的咨询、投诉等不推诿，不拒绝，不搪塞，及时、耐心、准确的给予解答。"

【暴露问题】

（1）抢修人员业务技能较低，服务意识淡薄，工作责任心不强。

（2）供电抢修队伍管理不完善，对抢修人员的培训工作重视不够，缺乏日常技能培训考核。

（3）对客户报修的闭环管理不到位，客户重复报修都没有引起 95598 的注意，没有通过及时的客户回访发现事件苗头，最终导致客户投诉。

【措施建议】

（1）加强一线人员业务技能培训，定期开展岗位考试，合格后再上岗，确保现场抢修及时、有效、客户诉求处理完整。

（2）加强工作人员责任意识和服务意识的培训，提升员工职业素养和工作规范意识。

（3）完善业务处理流程，建立健全业务闭环管理机制和有效的跟踪督办流程，避免出现工作遗漏和流程超期的情况，做好投诉风险预控。

【案例点评】

供电服务人员的个人业务技能和素质是供电企业整体服务质量的基础和保障。每个供电服务的从业人员要时刻牢记自己的一言一行就是供电企业的形象代言。一个专业的供电抢修人员在简单的用电问题上还需要在非专业人员指导下才能处理，损失的不仅仅是个人的小利益，损失的是供电企业在客户心目中的服务形象这个大利益。因此，要不断加强员工队伍的业务培训，提升每位员工的业务技能，不断强化服务理念，提供供电服务的综合实力。

四、供电服务"八字方针"是什么?

优质、方便、规范、真诚。八字方针是 2001 年 1 月 17 日,原国家电力公司在"开展电力市场整顿和优质服务年活动"电视电话动员会上提出的。

➤ 案例一 窗口里的考验

【事件过程】

某天一位老大娘一脸怒气非常激动地来到营业厅,说要找抄表员。老大娘听力不好,也理解不了大厅工作人员使用的手语。这时,窗口人员赶忙微笑着上前了解情况。老大娘见此情景,情绪慢慢平静下来,她小心翼翼地从衣兜里拿出了已缴的电费发票。并说道:"我家上个月的用电怎么突然增多了?肯定是抄表员抄错了,我要找他说清楚!"

窗口人员立即联系该台区抄表员,经核实,抄表员没有抄错电能量。于是又耐心细致地与老大娘不断交流、解释。最终了解到老大娘家前段时间新添置了一台电热水器,而恰巧上个月她和家人很少在家住,但是这台热水器仍然 24 小时开着,耗了好多电。查到原因后,窗口人员提醒老大娘:"电热水器功率比较大,现在天气开始热了,不用时一定要关掉电源,不然会一直耗电!"老大娘恍然大悟,满怀歉意和感激说道:"真是不好意思,误会你们了,你们的服务真是耐心、细致,我很满意!"

【取得效果】

滴水可以汇成江河,真诚才能感动人心。服务无小事,要让客户满意,就要做好每一件小事。虽然窗口人员日复一日地在三尺柜台内履行责任和使命,但是却把爱心和真诚延伸到三尺柜台之外。在和客户接触的过程中,令客户感受到温馨的人文关怀,可以增强和提高客户满意度。

窗口是一个考验供电企业服务质量和水平的大考场,而担任考官的便是我们的客户,就是每一位前来办理业务的群众。窗口人员一直以"优质、方便、规范、真诚"的供电服务方针为标准,用最甜美的微笑和最优质的服务接受每一位客户的考验,在微笑服务的同时换来群众的微笑。

▶ 案例二 流程跟踪不到位 客户不满留隐患

【事件过程】

某月 3 日,某房地产客户陈先生向营业窗口递交了小区一户一表新装设计资料,客户代表小李收件后告知客户 20 个工作日内答复图纸审核结果,陈先生放心地回去了。客户代表小李收件后按规定录入 SG186 系统,并将资料转至审图组织员小玉签收,小玉收件后通知技术员何某与客户陈先生联系并在 7 天后告知审图结果。

10 日,客户陈先生按约前来,但组织员小玉一直未见到技术员何某,电话也无法联系,小玉只好通知客户改期。到了 25 日,客户陈先生始终未收到图纸审核结果,于是陈先生再次来到营业厅找到客户代表小李:"我的图纸审好了吗,上次我来的时候你不是说 20 个工作日内就有结果吗?"小李:"我上次收完资料后就转给审图组织人员,具体的审核情况我也不知道,你去二楼办公室找个叫小玉的问一下吧。"陈先生不乐意道:"她上次通知过我,但是有个审图的技术员没有来,后来就没有再通知了,你帮我问一下吧。"在客户的再三请求下,小李帮其打电话询问,审图组织员小玉答复因一直联系不上技术员何某故没有再安排,15 日小玉联系其班长,该班长说何某请婚假回老家结婚,会另外安排小郑参加 19 日的审图,但不知为何 19 日也未见到小郑前来,现在已再次联系此户将安排在 27 日进行审图。客户代表小李将此情况告知客户,陈先生虽不高兴,但看在已安排了 27 日审图也就没再说什么。直到该项目竣工,95598 客服代表对客户进行回访时,客户陈先生才提出了自己的不满意见。

【违规条款】

(1)《国家电网公司供电服务规范》第四条第二款规定:"真心实意为客户着想,尽量满足客户的合理要求。对客户的咨询、投诉等不推诿、不拒绝、不搪塞，及时、耐心、准确地给予解答。"

（2）《国家电网公司员工服务"十个不准"》第五条规定："不准违反首问负责制，推诿、搪塞、怠慢客户。"

（3）《国家电网公司供电服务质量标准》6.2 条规定："对客户送审的受电工程设计文件和有关资料答复期限为自受理之日起，高压供电的不超过20 个工作日；低压供电的不超过 8 个工作日。"

【暴露问题】

（1）客户代表主动服务意识不足，虽然在客户请求下为客户打电话询问，但明显存在推诿情绪。

（2）后台支撑人员优质服务意识薄弱，审图组织人员无视审图时限，在时限到期前虽有联系班长，但未能在规定时限内解决问题，也未向自己的上级领导反映。

（3）业务流程混乱，缺失人员补位机制，在人员因故未能及时处理业务时，相关人员未能及时做好交接补位工作。

【措施建议】

（1）加强窗口客户代表的主动服务意识，对于客户提出的问题，客户代表本身能够给予答复的应主动承担，遇到技术问题无法解答的也应带领客户前往解决。

（2）提高后台工作人员优质服务意识，应明确超期项目的考核制度、落实到位，促使后台人员提高对业务时限的警惕性。

（3）加强后台各部门间的配合，重要岗位人员应排有 A、B 岗，请假人员应主动提前告知相关业务人员其请假时间与替班人员。

【案例点评】

优质服务一直作为营业窗口的一项重要工作，随着窗口服务的提升，优质服务也渐渐由一线转向后台服务。营业窗口各项服务都需要有后台业务的强力支撑，在客户眼中无论前台还是后台，都属于电力行业的一部分，当后台业务未起到应有支撑时，客户同样会对供电服务打上问号，由此可见，后台服务优质与否也对行风建设起着举足轻重的影响。

五、《国家电网公司员工守则》的具体内容是什么?

遵纪守法,尊荣弃耻,争做文明员工。

忠诚企业,奉献社会,共塑国网品牌。

爱岗敬业,令行禁止,切实履行职责。

团结协作,勤奋学习,勇于开拓创新。

以人为本,落实责任,确保安全生产。

弘扬宗旨,信守承诺,深化优质服务。

勤俭节约,精细管理,提高效率效益。

努力超越,追求卓越,建设一流公司。

1. 正确理解《国家电网公司员工守则》

《国家电网公司员工守则》是公司全体员工应共同遵守的基本行为准则。

2. 具体案例

➜ 案例一 电力线变成生命线

【事件过程】

客户:"我们小区这儿停电了,我们家急需用电,求你们帮我恢复一下吧。"

客服代表:"您别着急,非常抱歉,您附近发生一起车撞电杆的事故,工作人员正在现场抢修,会尽快解决的,麻烦您稍等。"

客户:"不行啊,我们家情况比较特殊,家里有一个需要靠呼吸机维持生命的人啊,这没电,呼吸机没法使,人就不行了啊,求你们想办法过来帮帮我吧。"

客服代表:"好,我明白了,您放心,我马上向领导汇报,请您留下您的地址和联系电话，有问题会再联系您。"

客户："好的，好的，那先谢谢你们，你们一定得抓紧过来啊。"

客服代表："您放心，我马上就办，有事您再找我，我是××工号。"

客户："行，那就先这么着。"

客服代表："好的，感谢您拨打 95598 热线，再见。"

座席代表马上向值班长汇报此事，值班长向属地供电公司，经过多方努力，供电人员从附近的电源点临时架设了一根专线，为病人家里提供了电源。

【取得效果】

通过座席代表、值班长和属地公司的共同努力，为客户及时接通了电源，保证了客户家人的生命安全，同时也体现了电力公司应急处理方案非常有效，电力公司员工处理工作非常灵活。

电能因为其特殊性，使用范围的广阔性，不同领域带来的影响有大有小，但不意味着单位停电就非常重要，普通老百姓没电就只能等着，所有客户都要重视对待，值班员汇报、值班长协调、基层工作人员配合，是应急事件处理的三个关键点，要学会运用。

➡ 案例二　施工现场不规范

【事件过程】

某客户反映其于 2015 年反映的低电压问题，虽计划在 2016 年春节前完成整治，但目前仍未完成，现现场基坑已挖好，但未摆放醒目的告示牌，导致有较多小孩掉入坑中。

【违规条款】

（1）《国家电网公司供电服务规范》第十七条第七款规定："在公共场所施工，应有安全措施，悬挂施工单位标志，安全标志，并配有礼貌用语。在道路两旁施工时，应在恰当位置摆放醒目的告示牌。"

（2）《国家电网公司供电服务规范》第十七条第八款规定："现场工作结束后，应立即清扫，不能留有废料和污迹，做到设备、场地清洁。同时应向客户交代有关事项，并主动征求客户意见。电力电缆沟道等作业完成后，应立即盖好所有盖板，确保行人、车辆通行。"

【暴露问题】

（1）施工人员责任心不强，未能严格按照《国家电网公司供电服务规范》现场服务规范执行。

（2）对施工队伍缺少现场监管。

【措施建议】

（1）加强施工队伍的现场管理，严格按照安全要求做好现场规范操作。

（2）加强施工单位和材料供货单位之间的沟通协调，确保材料及时到位，保证施工进度。

【案例点评】

作为公司核心业务的电网建设，是实现公司三年目标的重要基础。如何安全稳妥推进电网建设，深入推动电网建设高质量发展成为摆在当前的一项重要工作任务。作为担负国家安全和国民经济命脉的国有重点能源企业，"安全第一"一直是电网建设长期贯彻的方针。而抓好施工过程中的安全管理，是确保安全高效地完成电网建设施工任务的首要条件，它关联到企业信誉及业绩。

六、《国家电网公司供电服务"十项承诺"》的具体内容是什么?

城市地区:供电可靠率不低于 99.90%,居民客户端电压合格率 96%;农村地区:供电可靠率和居民客户端电压合格率,经国家电网公司核定后,由各省(自治区、直辖市)电力公司公布承诺指标。

提供 24 小时电力故障报修服务,供电抢修人员到达现场的时间一般不超过:城区范围 45 分钟;农村地区 90 分钟;特殊边远地区 2 小时。

供电设施计划检修停电,提前 7 天向社会公告。对欠电费客户依法采取停电措施,提前 7 天送达停电通知书,费用结清后 24 小时内恢复供电。

严格执行价格主管部门制定的电价和收费政策,及时在供电营业场所和网站公开电价、收费标准和服务程序。

供电方案答复期限:居民客户不超过 3 个工作日,低压电力客户不超过 7 个工作日,高压单电源客户不超过 15 个工作日,高压双电源客户不超过 30 个工作日。

装表接电期限:受电工程检验合格并办结相关手续后,居民客户 3 个工作日内送电,非居民客户 5 个工作日内送电。

受理客户计费电能表校验申请后,5 个工作日内出具检测结果。客户提出抄表数据异常后,7 个工作日内核实并答复。

当电力供应不足,不能保证连续供电时,严格按照政府批准的有序用电方案实施错避峰、停限电。

供电服务热线"95598"24 小时受理业务咨询、信息查询、服务投诉和电力故障报修。

受理客户投诉后,1 个工作日内联系客户,7 个工作日内答复处理意见。

1. 正确理解《国家电网公司供电服务"十项承诺"》

《国家电网公司供电服务"十项承诺"》是公司对客户作出的庄严承诺。公司视信誉为生命，弘扬宗旨，信守承诺，不断提升客户满意度，持续为客户创造价值。

2. 具体案例

➤ 案例一　报装服务

【事件过程】

某客户于 2010 年 7 月 9 日申请办理网吧的新装用电申请（用电容量为 35kW），7 月 20 日供电部门经现场勘察后，给客户出具了供电方案答复书，并通知客户到某设计室和某安装公司进行供电工程的设计施工。8 月 2 日该安装公司到供电营业厅申请工程验收，营业厅人员通知客户交纳 5000 元预付款后于次日到现场进行验收合格后于 8 月 15 日送电。

【违规条款】

（1）《国家电网公司供电服务"十项承诺"》第五条规定："供电方案答复期限：居民客户不超过 3 个工作日，低压电力客户不超过 7 个工作日。"

（2）《国家电网公司供电服务"十项承诺"》第六条规定："装表接电期限：受电工程检验合格并办理相关手续后，居民客户 3 个工作日内送电，非居民客户 5 个工作日内送电。"

（3）《国家电网公司员工服务"十个不准"》第三条规定："不准为客户指定设计、施工、供货单位。"

（4）《国家电网公司员工服务"十个不准"》第二条规定："不准违反政府部门批准的收费项目和标准向客户收费。"

（5）《国家电网公司供电服务"十项承诺"》第四条规定："严格执行价格主管部门制定的电价和收费政策，及时在供电营业场所和网站公开电价、收费标准和服务程序。"

（6）《国家电网公司供电营业规则》第九十二条规定："供电企业和客户

应当在正式供电前,根据客户用电需求和供电企业的供电能力以及办理用电申请时双方已认可或协商一致的下列文件,签订供用电合同。"

【暴露问题】

（1）此业扩报装业务在办理期间存在超期行为。

（2）在此项业扩报装中营业人员擅立收费项目。

（3）验收合格后未按规定时限进行装表接电。

（4）未与客户签订供用电合同即给客户送电。

（5）存在三指定行为。

【措施建议】

（1）严格执行《国家电网公司供电营业规则》《国家电网公司供电服务"十项承诺"》、《国家电网公司员工服务"十个不准"》对于报装接电和服务的规定要求。

（2）在验收合格后需与客户签订供用电合同方可装表送电。

（3）杜绝三指定行为。

➜ 案例二 欠费停电太随意 客户不满引纠纷

【事件过程】

由于历史原因,某居民小区采用总表计量收费,小区居民向物业公司交纳电费,物业公司按总表向供电公司交纳电费。一天上午,供电公司抄表员来到该居民小区催收电费,在催收无果的情况下,未按照履行停电通知手续,即对小区实施停电。停电过程中,居民们反映他们已向物业公司交纳电费,应该对那些没有交费的居民停电。抄表员解释,供电公司只能根据总表计费电量催收电费,坚持进行停电操作,双方随即发生纠纷。停电后,居民不准抄表员离开现场,并向当地媒体投诉,抄表员无奈之下拨打 110 报警,才得以脱身。

【违规条款】

（1）《国家电网公司供电营业规则》第六十七条规定:"在停电前三至七天内,将停电通知送达用户,对重要用户的停电,应将停电通知报送同级电力管理部门;在停电前 30 分钟,将停电时间再通知用户一次,方可在通知规定时间实施停电。"

(2)《国家电网公司员工服务"十个不准"》第一条规定:"不准违反规定停电、无故拖延送电。"

【暴露问题】

(1) 供电公司对居民供电服务重视程度不够,在采取停电催费措施之前,未能了解小区居民用电和交费的实际情况,对停电后可能造成的不利影响预估不足。

(2) 抄收人员工作制度执行不严格,抄表员停电催费未办理《电费欠费停电通知书》,未提前通知客户,未对客户进行停电公告或通知,客观上造成客户不理解的后果。

(3) 工作人员缺乏灵活解决问题的技巧。

【案例点评】

居民总表供电的情况还普遍存在,由于涉及居民、物业公司、政府房产管理、供电公司等多个利益主体,供电问题比较复杂,处理不当极易引起纠纷,造成不良社会影响。此类问题的处理应特别慎重。试想,如果你是这个小区的客户,每月都按时交纳了电费,却因为别人没有交纳电费而被停电,你会满意吗?对涉及居民多、影响范围大的欠费停电工作要严格执行国家相关规定,不可随意采取停电措施。要加强与相关部门和单位的协调和沟通,尽早通过实施"一户一表"改造彻底解决类似问题。

七、《国家电网公司员工服务"十个不准"》的具体内容是什么?

不准违规停电、无故拖延送电。

不准违反政府部门批准的收费项目和标准向客户收费。

不准为客户指定设计、施工、供货单位。

不准违反业务办理告知要求,造成客户重复往返。

不准违反首问负责制,推诿、搪塞、怠慢客户。

不准对外泄露客户个人信息及商业秘密。

不准工作时间饮酒及酒后上岗。

不准营业窗口擅自离岗或做与工作无关的事。

不准接受客户吃请和收受客户礼品、礼金、有价证券等。

不准利用岗位与工作之便谋取不正当利益。

1. 正确理解《国家电网公司员工服务"十个不准"》

《国家电网公司员工服务"十个不准"》是公司对员工服务行为规定的底线、不能逾越的"红线"。

2. 具体案例

➤ **案例 户表接反错停电 推诿处理不应当**

【事件过程】

6 月的某天 21 时,张女士回家以后发现家中停电,在查看了空气开关并无跳闸故障之后,发现邻居王某家的电表被贴上了当地供电公司欠费停电通知书,因此怀疑可能是供电公司停错了电。于是张女士在 21 时 06 分拨打了停电通知书上留下的抄表公司联系电话,抄表公司称现在已经下班,如果没有欠费不可能停电，然后挂断了电话。张女士于 21 时 11 分拨打了当地有线电视台的新闻热线求助。21 时 31 分，张女士又请人拨打了供电公司 95598 服务热线，95598 客户代表人为判断属于户表故障，把抢修服务队的电话告诉了她。张女士先后于 21 时 50 分和 22 时 10 分两次拨打了抢修服务队电话。因当晚天气炎热，抢修服务队从 19 时至次日凌晨 2 时一直在其他现场忙于故障处理，接到张女士电话后，沟通中了解到张女士属于欠费停电，不属于抢修范围，又告知张女士抄表公司的值班电话，请她与抄表公司联系处理。但张女士并未打通抄表公司的电话。就在这一交涉过程中，电视台记者赶到现场开始进行暗访。

次日中午 12 时 30 分左右，张女士随同暗访记者来到供电公司营业厅，询问错停电事宜。营业大厅当值人员李某进行了接待，经查询确认张女士并无欠费后，随即拨打了抄表公司内部电话。因当时正值午饭时间，没有与抄表公司联系上，于是李某向张女士承诺联系上抄表公司后将立即恢复送电。记者和张女士一行又找到抢修班，抢修人员赵某于 13 时 05 分协助客户联系上了抄表公司钱某，钱某立即安排抄表员到现场恢复送电。与此同时营业厅李某也与抄表公司孙某取得了联系，孙某也立即安排了同一工作任务。

当日 14 时 20 分暗访记者再次到营业厅，与值班主任周某对恢复送电的工作进行了确认，并对错停电的责任追究和损失赔偿进行了探讨，记者的暗访报道到此结束。

【违规条款】

（1）《国家电网公司供电服务规范》第四条第二款规定："对客户的咨询，投诉等不推诿、不拒绝、不搪塞，及时耐心、准确地给予解答。"

（2）《国家电网公司供电服务规范》第十四条第五款规定："接到客户保修时，应详细询问故障情况。如判断属供电企业抢修范围内的故障或无法判断故障原因，应详细记录，立即通知抢修部门前去处理。"

（3）《国家电网公司员工服务"十个不准"》第四条规定："不准对客户投诉、咨询推诿塞责。"

【暴露问题】

（1）供电公司在工程竣工验收中没有严格把关，留下事件隐患。

（2）抄表公司接到客户来电时未及时妥善处理，而且以对客户极不负责任的态度挂断了电话。

（3）客户后来再次拨打该抄表公司的两个值班电话时，均无人接听，反映出抄表公司值班电话的管理和欠费停复电服务程序不规范。

（4）除 95598 外，仍然保留了其他服务电话，未能实现客户服务中心一口对外的功能要求，营销"三个中心"建设不完善。

（5）95598 客服代表业务技能不熟练，服务不规范，没有实现闭环管理。

（6）没有执行"首问负责制"。当客户反馈停电问题时，95598 客服代表只是简单地告知抄表公司的值班电话。

【案例点评】

供电服务是一个复杂过程，涉及供电企业内部多个专业和部门，但供电企业内部的工作流转不应成为对客户反映问题进行推诿的正当借口。此事件暴露出服务工作未能做到"一口对外"，相关部门之间的工作协调不够，员工服务意识不强，服务技能不高。同时，也更加显现出加快推进客户服务中心建设的必要性。建议以完善客户服务中心功能设置为基础，严格执行"一口对外"，不断提高供电服务整体水平，进一步加强 95598 供电服务热线的指挥协调功能，对客户投诉、故障报修等要实行 100%回访，实现客户服务闭环管理；加强客户工程竣工验收管理，认真对客户计量表计后的接线进行核实；供电服务人员要加强学习，提高服务意识和服务技能，工作中严格落实客户"首问负责制"。

八、营业厅服务功能有哪些？

业务办理。业务办理包括客户新装、增容及变更用电申请，故障报修，校表，信息订阅，咨询、投诉、举报和建议，客户信息更新等。

收费。收费是指提供电费及各类营业费用的收取和账单服务，以及充值卡销售、表卡售换等。

告示。告示是指提供电价标准及依据、收费标准及依据、用电业务流程、服务项目、95598供电服务热线等各种服务信息公示，计划停电信息及重大服务事项公告，功能展示，以及公布岗位纪律、服务承诺、电力监管投诉举报电话等。

引导。引导是指根据客户的用电业务需要，将其引导至营业厅内相应的功能区。

洽谈。洽谈是指根据客户的用电需要，提供专业接洽服务。

A、B、C级营业厅应具备前五项服务功能，D级营业厅应具备电费收取、发票打印，以及服务信息公示等服务功能。

➡ 案例一 客户久等未引导 怠慢客户引投诉

【事件过程】

某制鞋厂厂长张先生于4月19日来到当地中心营业厅申请新装用电。走进营业厅张先生见到两个柜台前都已有客户在办理业务，在厅内张望一会儿后见没人搭理自己，便走向离自己最近的1号柜台询问："同志，请问新装用电应该怎么办理？"1号柜台客户代表小陈正在忙碌地工作，听到问话便回答道："稍等一会，这位客户还没有办完，2号柜台也可以咨询。"张先生在一旁等了15min，见到2号柜台客户代表小李在办完前一客户的业务后接了一个电话就走到后台去了，张先生又等了10min，看见1号柜台仍在办理业务、2 号柜台客户代表一直没有回到岗位上，便有些着急了，只好又走到 1 号柜台前说："同志，你能不能先跟我说一下我新装个电表需要什么材料，我在这等很久了。"客户代表小陈答道："再稍等一会吧，这位客户快好了。"张先生又在一边等了 5min，见小陈还未办完，就上前急匆匆地问道："同志，你什么时候才能办完，我咨询个问题都不行，你们的主管在哪里！"小陈表示说主管当天生病请假不在，又继续做事。张先生无奈地拨打了 95598 供电服务热线进行投诉。

【违规条款】

（1）《国家电网公司供电客户服务提供标准》4.1.2 条规定："A、B、C 级营业厅应具备业务办理、收费、告示、引导、洽谈五项服务功能。"

（2）《国家电网公司供电服务规范》第十一条第三款规定："办理居民客户收费业务的时间一般每件不超过 5min，办理客户用电业务的时间一般每件不超过 20min。"

（3）《国家电网公司供电服务规范》第十一条第六款规定："客户来办理业务时应主动接待，不因遇见熟人或接听电话而怠慢客户。如前一位客户业务办理时间过长，应礼貌地向下一个用户致歉。"

（4）《国家电网公司员工服务"十个不准"》第八条规定："不准营业窗口擅自离岗或做与工作无关的事。"

（5）《国家电网公司供电服务规范》第四条第二款规定："真心实意为客户着想，尽量满足客户的合理要求。对客户的咨询、投诉等不推诿、不拒绝、不搪塞，及时、耐心、准确地给予解答。"

（6）《国家电网公司供电服务规范》第六条第二款规定："为客户提供服务时，应礼貌、谦和、热情。"

【暴露问题】

（1）营业厅没有现场引导员或现场管理人员对客户进行适时的引导，提供及时的服务。

（2）窗口客户代表服务规范落实不到位。客户第一次咨询时未正确引导；用电业务办理时间超过规定的 20min，未及时向客户致歉；小李在营业前台违反规定接听手机并擅自离岗；客户表现不满情绪后，仍未及时采取有效措施安抚客户，致使客户不满。

（3）营业厅排班管理存在漏洞，班长请假未指定临时负责人，导致出现服务质量事件时，现场没有管理人员进行处理，造成客户情绪升级、事态扩大。

【措施建议】

（1）应严格按照《国家电网公司供电客户服务提供标准》给营业厅配备排队设施，并安排引导人员在大厅引导客户；加大营业厅建设的检查力度，将营业厅硬件设施配置情况列入检查要点。

（2）全面建立优质服务保障机制。在窗口应设有服务监控平台与服务评价器，对客户代表的业务办理时间、服务态度、文明用语进行监控；强化评价考核制度的落实，保证服务人员主动遵守供电服务规范。

（3）加强供电营业厅的班组管理，逐步建立更为合理的排班制度，提高人员利用率、有效化解高峰时期服务压力，特别是重要岗位应设置备岗人员。

【案例点评】

耐心、真诚是对客户服务人员的最基本要求。无论面对怎样的客户、无论事情大小、无论处于如何繁忙的境况，工作人员都应以十二分的耐心和百分百的热忱做好客户服务工作，在服务能力相对不足的情况下，态度尤显重要。

➔ **案例二　不耐烦的服务**

【事件过程】

某日，一行动不便的老大爷到营业厅办理暂拆手续，营业员李某一边打电话一边示意老大爷坐下，过了一会打完电话后，问老大爷办理什么业务。老大爷说明来意后营业员李某就向营业员张某询问暂拆的办理程序，并让老大爷填写了申请书。老大爷准备咨询电费收取标准，营业员李某不耐烦地说，"那边有电价表，你自己过去看看吧"。

【违规条款】

（1）《国家电网公司供电服务规范》第四条第五款规定："熟知本岗位的业务知识和相关技能，岗位操作规范熟练，具有合格的专业技术水平。"

（2）《国家电网公司供电服务规范》第六条第四款规定："为行动不便的客户提供帮助时，应主动给予特别照顾和帮助。"

（3）《国家电网公司供电服务规范》第十条第四款规定："受理用电业务时，应主动向客户说明该项业务需客户提供的相关资料，业务办理流程，相关的收费项目和标准，并提供业务咨询和投诉电话号码。"

（4）《国家电网公司供电服务规范》第十条第六款规定："客户来办理业务时应主动接待，不因遇见熟人或接听电话而怠慢客户。"

（5）《国家电网公司供电服务规范》第四条第二款规定："真心实意为客户着想，尽量满足客户的合理要求。对客户的咨询、投诉等不推诿，不拒绝，不搪塞，及时，耐心，准确地给予解答。"

（6）《国家电网公司员工服务"十个不准"》第五条规定："不准违反首问负责制，推诿、搪塞、怠慢客户。"

【暴露问题】

（1）服务人员未尊重客户，客户到来后应立即放下电话，接待客户。

（2）服务人员的主动服务意识不强，未能给客户提供主动服务。

（3）服务人员业务不熟练。

【措施建议】

（1）应按照《国家电网公司供电服务规范》的要求，为客户提供优质服务。

（2）加强主动服务意识的培训，提升优质服务水平。

（3）加强营业厅人员的业务技能培训，提升业务能力。

【案例点评】

营业厅是面向广大用户的一线场所，公司大力树立"始于客户需求、终于客户满意"的服务目标，意在打造供电企业在客户心目中的良好形象，而服务态度是做好优质服务工作的前提，只有真心实意为客户服务，才会在行动上体现出来。

九、如何应对营业厅发生突发事件？

突发事件是突然发生，造成或者可能造成损失与危害，需要采取应急处置措施予以应对的事件。

营业厅突发事件可分为七种类型：营销服务设备或系统故障；客户在营业场所发生意外伤害；出现情绪激动、言辞过激或群访客户；缴费期间或抢购电等情况导致营业窗口客户数量陡增；营业窗口发生抢劫、人为伤害等危及人身安全事件；营业窗口发生火灾等灾害；营业窗口发生其他突发紧急事件。

应对突发事件的组织机构有应急领导小组和应急工作小组，其中应急领导小组有组长和副组长，应急工作小组有组长和组员。

应急领导小组的工作职责：负责制定和完善公司供电营业窗口的应急处置预案和要求，加强突发事件预警机制；负责不定期巡视供电营业窗口，对各供电营业窗口的预案执行情况进行监督和指导；负责协调解决供电营业窗口突发事件；组织开展应急预案的演练工作。

应急工作小组的工作职责：负责执行应急处理预案，做好对客户的解释、疏导工作；负责紧急情况信息报送、反馈；负责相关信息数据统计、汇总和上报工作。

1. 七种营业厅突发事件的应对措施

（1）处理发生营销服务设备或系统故障。

1）窗口人员向客户道歉，并向引导员汇报；由引导员向客户说明情况，安抚客户情绪；及时向技术支持询问故障处理预估时间。

2）引导员在显著位置公布致歉通知，有必要时上报客户服务中心，95598做好咨询解答。

3）当客户数量较多或情绪安抚无效时，请求应急领导小组紧急处理，必要时上报应急领导办公室。

（2）处理客户在营业场所发生意外伤害。

1）营业窗口应设立便民箱，并备有外用急救药品，如清凉油、创可贴、纱布等，并及时补充。

2）客户在营业场所发生意外伤害、昏迷、跌倒、发病等情况，应根据情况严重程度，立即拨打 120 急救。营业窗口负责人应及时向领导汇报，必要时请求临近医疗机构大夫到现场指导，同时应急工作小组应分工负责收集事发当时相关的影像资料、其他客户证言及联系方式等证据材料，以备查证。

（3）应对出现情绪激动、言辞过激或群访客户。

1）引导员应加强对营业窗口业务办理等情况的巡视，分析可能出现的各种特殊情况，提前做好相应的预防措施。

2）引导员发现有情绪激动、言辞过激的客户，应主动向前询问，及时处理和解决，避免矛盾激化，以保证其他营业工作的正常开展。必要时请用户到后台办公区由应急领导小组负责接待，受理员应主动配合引导员或应急领导小组成员做好客户的解释和安抚工作，严禁在处理过程中与客户争执甚至争吵。

3）营业窗口负责人发现有群访或聚众客户时，应在第一时间上报应急领导办公室。

（4）处理缴费期间或抢购电等情况导致营业窗口客户数量陡增。

1）引导员应及时掌握收费窗口排队情况，当同一业务客户数量超过 15 人或排队数量激增时，及时向应急领导小组汇报，请求进行人员调配。

2）应急工作小组负责积极引导客户，维持现场秩序，及时安抚客户情绪，避免引起排队混乱；同时安排人员引导客户到自助缴费终端或掌上电力等办理业务，分流排队人群。

3）营业窗口负责人对客户情绪激动并可能出现严重后果时，立即请求应急小组支援。

（5）处理营业窗口发生抢劫、人为伤害等危及人身安全事件。

1）窗口员工对身边的异常情况应随时保持高度的警惕性，遇此情况应沉着冷静，首先要保证自身安全，并伺机报警并向保卫部门发出警报。

2）营业窗口人员应随机应变，引导客户疏散，保护客户人身安全。

3）当有人员受伤时，无论是员工还是客户，应立即组织人员送伤者到医院或拨打 120 急救电话。

（6）处理营业窗口发生火灾等灾害。

1）所有营业厅员工均应掌握灭火器和消火栓正确操作方法，当营业厅发生火情时，营业厅负责人应组织员工利用消防设备进行紧急处理。

2）营业窗口发生重大火灾时，窗口负责人应及时向应急领导办公室汇报，紧急拨打火警 119，并组织营业厅内人员紧急疏散。

3）引导员负责将营业厅总电源开关断开，大门向外推开，引导客户从大门安全出口疏散。

4）收费区员工在紧急情况下，可将收费区门左侧玻璃盒击碎，将门禁处于敞开状态，保证人员安全疏散。

（7）处理营业窗口发生其他突发紧急事件。

1）营业窗口突发其他情况后，所有营业人员应根据现场情况积极主动采取有效措施，控制事态扩大。

2）当事态控制困难时，引导员应立即汇报本部门应急工作小组，工作小组立即启动应急预案，根据现场情况采取措施，防止事态扩大，同时向应急领导小组汇报。

3）应急领导小组接到报告后，立即到达营业窗口，根据事态现场确定解决方案。

2. 具体案例

➔ 案例一　客户急事不能急办　双方损失无法弥补

【事件过程】

某年 4 月 15 日 16 时左右，客户杨女士前往营业厅缴交电费，称昨天出差回来，才发现家中收到供电公司的"欠费提醒单"，要其在今日前缴清所欠电费，否则将会被停电。因忘记携带"欠费提醒单"，客户只能提供户名，并表示 16 时 30 分要赶去幼儿园接小孩，请客户代表尽快帮忙缴交欠费。但接待她的窗口客户代表小林所用的电脑输入法出现问题，无法为客户查询用户号，当时又是缴费高峰期，其他窗口等待客户也很多，小林暂时又无法将客户转给其他客户代表，于是要求客户杨女士先拨打 95598 供电服务热线查询户号，再来办理缴费，并且未做其他任何解释。由于要赶去接孩子，客户杨女士未缴交完电费就离开了营业厅。

16 日，杨女士家中因欠费被停电，她认为 15 日未能成功缴交电费是客户代表故意不给她查询户名造成的，于是拨打 95598 供电服务热线进行了投诉。

【违规条款】

（1）《国家电网公司员工服务"十个不准"》第五条规定："不准违反首问负责制，推诿、搪塞、怠慢客户。"

（2）《国家电网公司供电服务规范》第四条第二款规定："真心实意为客户着想，尽量满足客户的合理要求。对客户的咨询、投诉等不推诿、不拒绝、不搪塞，及时、耐心、准确地给予解答。"

（3）《国家电网公司供电服务规范》第十一条第七款规定："计算机系统出现故障而影响业务办理时，若短时间内可以恢复的，应请客户稍候并致歉，若需较长时间才能恢复，除向客户说明情况并道歉外，应请客户留下联系电话，以便另约时间。"

【暴露问题】

（1）客户代表主动服务意识不强，未能设身处地为客户着想，明知客户欠费马上就可能被停电，仍未采取积极有效的措施帮助客户尽快缴交电费，还将查询用户号这个通过多种渠道就能及时解决的问题推给客户，是非常不负责任的行为；没有跟抄表员沟通，解释清楚、不予停电。

（2）欠费、催收信息的告知手段比较单一，应拓展其他有效手段使客户能够更便捷、及时地了解到欠费信息。

（3）缴费渠道虽然有大幅拓宽，但目前客户知晓度仍显不足，不能有效分流营业厅客流。

【措施建议】

（1）在有条件的营业厅设置大堂经理或引导员，及时为特殊客户或需要紧急服务的客户提供便捷通道。

（2）制定预案，对窗口客户代表使用的电脑或系统出现故障，提出预设解决方案。

（3）进一步完善客户基础信息，拓展其他有效渠道，提升客户欠费信息的送达及时率。

（4）加强与客户的互动沟通，了解不同类别客户的沟通倾向，针对客户需求积极开拓思路，采用发放传单、资料，发送短信以及发布社区小广告等形式，将现有电费缴交渠道信息通过各类有针对性的传媒及时发布给各类受众。

【案例点评】

客户有时难免会遇到这样那样让人着急的事情，供电公司作为服务行业，应能够急客户所急，在确保不违规的情况下，积极开拓思路采取一些特殊的措施，避免客户遭受损失，才是真正做到"服务至上、客户至上"。

➡ **案例二　救还是不救？**

【事件过程】

一位中年女客户在营业厅现场打着电话，大吵大闹，然后突然晕倒，问这时现场管理人员如何应对这个突发事件？

一位网点主任（也许是行长）回答："不要管她！不要碰她！"

讲现场管理课的老师说："我是第一次在课堂上听到这样让人心寒的答案，我看着这位年近半百脸上略显沧桑冷漠的学员，问他为什么这样处理？"

他说："如果碰了她，之后要是有什么事怎么办？我们要负责任的！你没看过路边的老太太被扶起后那人被告了的报道吗？"

面对这种道德层面的问题，老师举了一个例子：曾经在深圳地铁站的楼梯上，一位女士突然晕倒，在黄金救护的 15min 里，地铁的工作人员反应迟缓不说，当工作人员到了现场除了会打 120 电话，没有任何其他救护措施，最终就这样失去了一条生命，她的家人于是将深圳地铁站告上了法庭。

最后那位老师说："如果什么都不做，也许后果更加严重也说不定。既然承担了为客户服务的责任，自然也要承担相应的风险。"

【事件分析】

以上答案背后有两个影响现场服务品质、破坏客企关系的因素，一是心理上的障碍，不愿意！二是能力上的障碍，不知道。如果现场管理人员都掌握了突发疾病的救护方法，以后救助他人的时候勇气会多一些，需要帮助的人们痛苦会少一些。营业厅的员工也有需要帮助的时候，而且还能更有效地解决现场突发事件，赢得客户的认同和忠诚度。

我们知道，人的生理变化容易受到外界的环境、气候等因素的影响，比如：天气炎热，有人满身大汗进入冷气十足的营业厅；下着暴雨，有人淋湿了身子然后进入了开着冷气的营业厅；营业厅面积比较小，客流量较多，而且空调出现故障无法制冷，现场空气不流通又闷热……

另外，客户在投诉过程中情绪激动时也容易诱发生理上的突变。一般来说，现场客户可能发生的生理突发状况主要有九种，应对办法分别列举如下：

（1）中暑。

急救办法：① 补充含盐饮料；② 将患者抬到阴凉处或者空调供冷的接待室平卧休息，解松或者脱去衣服；③ 用湿水浸透的毛巾擦拭全身，不断摩擦四肢及皮肤。

注意事项：① 中暑后不要一次大量饮水。② 中暑患者应采用少量多次的饮水方法，每次以不超过 300mL 为宜。

（2）脑溢血。

症状：有高血压病史的人，由于气温较大波动或情绪激动，突然发生口齿不清甚至昏迷。

注意事项：① 切勿为了弄醒病人而大声叫喊或猛烈摇动昏迷者，否则会使病情迅速恶化。② 将病人平卧，由于脑压升高，此类患者极易发生喷射性呕吐，如不及时清除呕吐物，可能导致脑溢血，昏迷者因呕吐物堵塞气道窒息而死。因此病人的头必须转向一侧，这样呕吐物就能流出口腔。③ 可用冰袋或冷毛巾敷在病人前额，以利止血和降低脑压。

（3）癫痫。

急救方法：① 将患者置于平坦和周围没有障碍的平面，尽量减少发作时肢体抽动时导致骨折等意外出现。注意使患者保持侧卧位，有助于防止发作时口腔分泌物或者呕吐物阻塞呼吸道而引发窒息。② 应迅速解开衣服或去除领带，保持呼吸道通畅。③ 抽搐发作时患者牙关紧闭，此时不要强行撬开患者的牙关，以免牙齿脱落阻塞呼吸道，可用力抵住患者的下颌，减少舌咬伤的机会。

注意事项：① 癫痫发作后患者的意识往往模糊，会有目的的动作或者行为，在这种情况下，在做好癫痫护理的同时，避免过分限制患者活动导致患者的攻击性行为。② 癫痫患者发作时只是失神，并没有其他明显肢体抽搐成分的动作，发作持续时间短暂（短于 5 分钟）一般不需要特殊处理，只要记录观察发作时的表现，随后及时就诊，将发作时的表现告知医生，医生将根据情况，进行检查和治疗。③ 如果发作时猝倒，并且很频繁，这种情况主要多见于某些儿童癫痫患者，必要时需要重点保护头部，比如戴头盔，避免头部摔伤。

（4）呼吸困难。

症状：呼吸困难是指病人自觉有氧气不足或呼吸费力的感觉。

急救方法：① 一旦出现呼吸困难，应首先保持气道通畅，如有气道分泌物或异物应及时清除。② 应使患者保持安静，避免情绪紧张以防加重呼吸困难。③ 取半卧位或坐位，减少疲劳及耗氧，此法可减轻急性心衰引起的呼吸困难。

注意事项：① 肺部和支气管疾病及心脏病是引起呼吸困难的最多见原因。这些病人出现症状时应保持半坐体位，使呼吸道通畅。② 如糖尿病患者发生呼吸困难，口腔呼出的气味有酸味，同时有神志方面的改变，应想到酮症酸中毒，要及时送医院治疗，不能延误。

（5）昏迷。

急救办法：① 最常见的方法是用拇指压迫患者眼眶内侧，观察患者的意识状态，同时注意患者的呼吸及心跳情况。② 使患者平卧在硬板上，松解衣领。将其头部后仰并偏向一侧，以保持患者的呼吸道通畅，防止窒息。③ 应该将患者立即搬至空气流通的地方。④ 高热昏迷患者应用酒精擦浴，在头部、大动脉处置放冰袋进行降温。⑤ 低血糖昏迷患者应用卧床休息，迅速补充葡萄糖，延误治疗可能出现不可逆的脑损害。因此，要立即给予任何含糖较高的物质，如饼干、果汁等。

注意事项：① 一旦发生心脏骤停或者呼吸停止，立即进行现场人工呼吸。② 躁动不安的昏迷患者应有人看护，防止发生摔伤、撞伤等意外。冬季要注意为昏迷患者保暖。③ 不要拍打、摇晃病人头部，不要胡乱翻转、拖拉和搬运病人。④ 不要在病人脑后放高枕，以免阻塞呼吸道入口而出现窒息。

（6）异物卡喉。

症状：异物卡喉常见于儿童进食或口含异物时嬉笑、打闹或啼哭。由于异物嵌入声门或落入气管，造成幼儿窒息或严重呼吸困难，甚至呼吸心跳停止。

急救措施：千万别拍背，学会"海姆立克急救法"，此法适用于 2 岁以上幼儿。具体步骤为：① 站在孩子背后。② 用两手臂环绕病人腰部，一手握拳抵住肋骨下缘与肚脐之间，另一手抱住拳头。③ 双臂用力收紧，快速向里向上按压孩子胸部，形成一股冲击性气流，将堵住气管、喉部的食物硬块等冲出。④ 持续几次挤按，直到气管堵塞解除，异物排出。

注意事项：禁止给正在咳嗽的患者喂水或是其他食物。

（7）中风。

症状：中风又称脑血管意外。西医学将中风分为出血性和缺血性两类。高血压、动脉硬化、脑血管畸形常可导致出血中风。大多由情绪波动、忧思恼怒、饮酒、精神过度紧张等因素诱发。

急救方法：① 在救护车到来之前，若病人意识尚清醒，应立即停止活动，处平卧位，要注意安慰病人，解除其紧张情绪。② 若病人意识已丧失，则设法将病人安静躺下，宜有二至三人同时抬扶，避免病人头部受到震动。③ 病情稍稳定，呕吐减轻后再送医院抢救，但在送医院途中应特别小心，搬运过程中动作要轻柔稳健，头部要专人保护，减少震动。

注意事项：① 保持环境洁净和空气流通，注意保暖；② 保持口腔卫生，随时清除呼吸道分泌物，鼓励病人做胸部扩张、深呼吸及咳嗽等运动，定时为病人更换姿势。

（8）触电。

原因：客户在自助终端设备或某些电器终端误漏电。

急救方法：① 火速切断电源。立即拉下闸门或电源开关，拔掉插头，使触电者尽快脱离电源。施救者利用木棍、塑胶制品、橡胶制品、皮制品等挑开接触病人的电源，使病人迅速脱离电源。② 未切断电源之前，抢救者切忌用手直接拉碰触电者，这样会导致自己也立即触电而伤，因为人体是导体，极易传电。③ 如患者仍在漏电的设备上，应赶快用干燥的绝缘棉衣将病人推拉开。④ 确认触电者心跳停止时，急救者可用人工呼吸和胸外心脏按压。⑤ 急救者宜穿胶鞋，跳在木板上保护自我。

注意事项：对于触电者的急救应分秒必争。发生呼吸、心跳停止的病人，病情都非常重，这时应一面进行抢救，一面紧急联系附近医院做进一步治疗；在转送病人去医院途中，抢救工作不能中断。

（9）心脏骤停。

症状：心脏骤停是指心脏射血功能的突然终止，大动脉搏动与心音消失，重要器官（如脑）严重缺血、缺氧，导致生命终止。这种出乎意料的突然死亡，医学上又称猝死。引起心脏骤停最常见的是心室纤维颤动。若呼唤病人无回应，压迫眶上、眶下无反应，即可确定病人已处于昏迷状态。再注意观察病人胸腹部有无起伏呼吸运动。如触颈动脉和股动脉无搏动，心前区听不到心跳，可判定病人已有心脏骤停。

注意事项：心脏骤停的抢救必须争分夺秒，千万不要坐等救护车到来再送医院救治。要当机立断采取以下急救措施进行心肺复苏。

急救方法：① 叩击心前区：一手托病人颈后向上托，另一手按住病人前额向后稍推，使下颌上翘，头部后仰，有利于通气。用拳头底部多肉部分，在胸骨中段上方，离胸壁 20～30cm 处，突然、迅速地捶击一次。若无反应，当即做胸外心脏按压。让病人背垫一块硬板，同时做口对口人工呼吸。观察病人的瞳孔，若瞳孔缩小（是最灵敏、最有意义的生命征象），颜面、口唇转红润，说明抢救有效；② 针刺人中穴或手心的劳宫穴、足心涌泉穴，起到抢救作用；③ 迅速掏出咽部呕吐物，以免堵塞呼吸道或倒流入肺，引起窒息和吸入性肺炎；④ 头敷冰袋降温；⑤ 急送医院救治。

人工呼吸：指人为地帮助伤病患者进行被动呼吸活动，使患者体内外进行气体交换，达到促使患者恢复自动呼吸的救治目的。人停止呼吸几分钟，就会死亡。大脑即使缺氧短短四分钟，也会引致永久性的损害，因此应尽快把空气送入肺内。

人工呼吸有两种方法：① 口对口呼吸法。患者取仰卧位，抢救者一手放在患者前额，并用拇指和食指捏住患者的鼻孔，另一手握住颌部使患者头部尽量往后仰，保持气道开放状态，然后深吸一口气，张开口以封闭患者的嘴周围（婴幼儿可连同鼻一块包住），向患者口内连续吹气两次，每次吹气时间为 1 至 1.5s，吹气量 1000mL 左右，直到患者胸廓抬起，停止吹气，松开贴紧患者的嘴，并放松捏住鼻孔的手，将脸转向一旁，用耳听是否有气流呼出，再深吸一口新鲜空气为第二次吹气做准备，当患者呼气完毕，即开始下一次同样的吹气。② 口对鼻呼吸法。当患者有口腔外伤或其他原因导致口腔不能打开时，可采用口对鼻吹气。首先开放患者气道，头后仰，用手托住患者下颌使其口封闭。深吸一口气，用口包住患者鼻部，用力向患者鼻孔内吹气，直到其胸部抬起，吹气后将患者口部掰开，让气体呼出。如吹气有效，则可见到患者的胸部随吹气而起伏，并能感觉到气流呼出。

注意事项：① 清除病人口、鼻内的泥、痰等肮脏异物，如有假牙亦应取出，以免假牙脱落坠入气管。② 仰卧人工呼吸时必须拉出患者舌头，以免舌头后缩阻塞呼吸。③ 对于怀孕女性或者胸、背部有外伤和骨折者，应选择适当姿势，防止造成新的伤害。④ 一般情况下应就地做人工呼吸，尽量少搬动。⑤ 将患者置于空气流通的场所。使其头后仰，可在肩下垫枕头或其他物品，使其气管直顺。⑥ 人工呼吸要有节奏（约每 min16～20 次），并耐心地进行，直到恢复自动呼吸为止。

重要事项：① 拨打 120，告知具体事故地点，简要描述病人状况。② 组织保安或相关志愿者将病人小心平抬至休息区椅子上，将头略为垫起（不可垫高），头侧向一边，为了防止窒息。③ 利用播音在现场寻找是否有医生，以及看看网点周边有没有诊所和药店坐堂医生。④ 查看病人手机通讯记录，通知病人家属，或问旁边有没有与客户相熟的人，询问病人病情病史。⑤ 记得上报领导。

十、 现场服务应急处置措施有哪些?

供电服务突发事件应急处理工作坚持快速及时、实事求是、分级负责、注重效果的工作原则。

1. 供电服务突发事件类型

一类事件包括:涉及一类及以上用电客户并造成重大影响的停电事故,被中央或全国性媒体曝光并产生重要影响的停电事故,客户向网省公司集体越级投诉的供电服务事件,被中央或全国性媒体曝光并产生重要影响的供电服务事件,其他严重损害国家电网公司形象的供电服务事件等。

二类事件包括:涉及二类用电客户并造成重大影响的停电事故,被省级媒体曝光并产生重要影响的停电事故,客户向地市公司集体越级投诉的供电服务事件,被省级媒体曝光并产生重要影响的供电服务事件等。

三类事件包括:被地市媒体曝光并产生重要影响的停电事故,客户向县(市)公司集体投诉供电服务事件,被地市媒体曝光并产生重要影响的供电服务事件等。

当发生供电服务突发事件时,各单位要按照事件的具体情况,根据职责分工,相应启动事故处理预案、供电抢修预案等,开展紧急处置,防止事态进一步扩大,尽可能挽回或减少客户和公司的经济损失。同时要及时收集与事件相关的发生过程、事件原因、影响范围、客户损失、处理进程、社会反应、严重程度、可能后果等信息,报本单位优质服务领导小组办公室。

优质服务领导小组在接到供电服务突发事件信息报告后,应迅速分析事件的性质、影响范围、严重程度、可能后果等,并按照事件类别,在上报时限内向上一级报告事件情况。具体上报时限:一类事件应在事件发生 4h 之内上报国家电网公司优质服务领导小组办公室；二类事件应在事件发生 2h 之内上报网省公司优质服务领导小组办公室并及时报国家电网公司备案；三类事件应在事件发生 2h 之内上报地区供电公司优质服务领导小组办公室并及时报省公司备案。

供电服务突发事件发生后，有关新闻发布应急处置工作按照《国家电网公司突发事件信息报告与新闻发布应急预案》要求办理，及时向社会公布事件的真实情况，预防恶意炒作，维护公司利益和形象。供电服务突发事件发生后，部门应组织客户服务人员主动与客户沟通，听取客户意见，商议事故解决方案，做好解释工作，取得客户谅解，维护公司服务形象。

2. 具体案例

➡ 案例一 预警预案执行不当 服务事件影响升级

【事件过程】

6 月 20 日，某小区的李先生等多位客户拨打 95598 供电服务热线投诉：因部分业主长期拒交公用设施电费，当天供电公司对小区公用电实施停电，造成正常交费的用户生活受到影响。要求供电部门安排送电，并协商解决欠费问题，否则将向媒体反映。座席人员予以受理，并下传工单。

当天下午，处理部门反馈：该小区部分业主为拆迁安置户，因与开发商及物业公司存在矛盾，拒交公用设施电费。截至 6 月，该小区已连续 5 个月欠缴公用电费。此前，已多次与小区物业联系催缴，并在小区内粘贴欠费通知函，但未见成效。因此，按规定程序对该小区公用电实施停电。

6 月 21 日，一些情绪激动的业主聚集到小区门口，有的业主向政府信访部门反映，要求政府部门协调先安排送电。当地媒体的几名记者得知情况后，也来到现场了解情况。

当地供电部门获知情况后，服务事件应急处置领导小组启动应急预案，并发布了四级预警。安排电费班人员到现场与小区物业及业主代表商议解决方案。记者要求采访工作人员时，工作人员与局新闻中心取得联系，新闻中心答复将小区欠费的实际情况告知新闻媒体。当天，在信访部门和街道办事处的牵头下，供电部门与小区物业、业主代表达成一致意见，业主代表配合小区物业向欠费业主催收电费，并在 3 个月内分批缴清全部欠费。供电部门先予安排送电。次日，当地一家媒体就"××小区公用电欠费被停电，断水两天，业主生活十分不便"作了报道。

6 月 23 日，事件处理人员向服务事件应急处置领导小组报告了服务事件的处理经过。

【违规条款】

（1）《国家电网公司服务事件处置应急预案》6.1.2 条规定："风险监测的方法和信息收集渠道——95598 供电服务热线、供电营业厅等服务渠道发现的异常情况。"

（2）《国家电网公司服务事件处置应急预案》6.2.1.3 条规定："出现下列情况之一的，为三级预警：可能引起省会城市、副省级城市媒体关注，并有可能产生较大影响的停电和供电服务事件；客户有可能向市级政府有关部门反映的集体投诉服务事件。"

（3）《国家电网公司服务事件处置应急预案》5.2.2 条规定："对外联络部（新闻中心）按照突发事件新闻应急预案和公司新闻应急工作规定开展对外应急处置工作"

（4）《国家电网公司服务事件处置应急预案》7.3.2.2 条规定："及时与政府职能和新闻媒体部门进行联系沟通，协助做好信息发布工作。"

（5）《国家电网公司服务事件处置应急预案》中事件报告的相关规定："预警阶段和较大、一般服务事件响应执行每天定点报告制度。"

【暴露问题】

（1）对于小区公用电欠费停电，当地供电部门只是按一般规定，做到催收和停电前通知，对事件可能引起的反应预判不足。

（2）该小区多位用户投诉同一问题，且情绪激动，表示要向媒体反映情况，座席人员仅下发工单，未与相关处理部门联系，说明在服务事件的风险监测和内部沟通协调机制上存在不足。

（3）政府部门和媒体介入后，相关职能部门未能按各自职责做到协同配合，避免事态进一步扩大，以致产生更大范围的负面影响。

（4）服务事件应急处置领导小组未能规范实施"预案"，在预警发布和事件报告等方面不符合规定。

【措施建议】

（1）95598 供电服务热线、供电营业厅作为供电公司联系广大客户的一个重要桥梁和窗口，也是信息收集的一个重要平台，应更好地发挥在服务事件风险监测方面的作用，并加强与后台处理部门的沟通、联系，以便做好服务事件预控工作。

（2）小区公用电欠费停电涉及面广，容易引发群体事件，不仅要按规定催费、通知到位，还要多与物业和社区沟通，发挥多方作用，力争在不采取停电措施的情况下收回电费。

（3）对于反复做工作还是无法收回电费的，通过审批程序准备采取停电措施的，应事先将情况向电监办、行风、信访、街道等部门，以及各新闻媒体做好汇报和报备，以防用户反映问题时出现先入为主的印象。

（4）实施停电的部门，应将事情的经过、已经采取的措施等情况向新闻中心、95598 供电服务热线报备，以便对外提供的信息口径一致。

（5）按照《国家电网公司服务事件处置应急预案》的实施要求，做好相关人员的培训和预案演练工作，提高各部门的协同与配合水平，及时、正确、高效处理各类服务事件，避免事件升级和负面影响扩大。

（6）对于有新闻媒体跟踪报道的服务事件，应引起高度重视，由对外联络部（新闻中心）牵头联系，提供相关的情况，避免因为信息不对称而形成不客观的报道。

【案例点评】

小区公用电欠费停电问题涉及面广，容易引发群体性投诉事件，且受到政府部门和新闻媒体的关注，是基层营销部门的工作难点之一，因此必须妥善处理。电费回收部门应发扬"三千精神"，通过千言万语、千辛万苦、千方百计地努力，力争做到不采取停电措施把电费收回。打造和传播优质服务品牌形象只有付出大量的努力，投入大量的人力、物力，才会有一点一滴的积累。而一次大的恶性服务事件对品牌形象的损害，往往不是一朝一夕可以弥补回来的。

➧ 案例二　井盖突起伤车辆　处理未妥引曝光

【事件过程】

5月11日11时，客户关先生来到某供电公司营业厅投诉，其昨晚开车行驶在某路上坡处，被地面突起的电缆井盖刮到汽车底盘，汽车底盘严重受损，气囊弹出，关先生要求供电公司对车辆的损失给予赔偿。营业厅客户代表按规范受理了关先生的投诉，及时派转相关部门处理，当日16时左右，责任部门回复客户代表，现场井盖确属该部门维护，但现场情况是因市政的地面下陷导致电缆井盖超出下陷地面，才使汽车被刮到的，责任不在供电公司，应属市政的责任。随后客户代表向该负责人建议，即便责任不在供电公司，也应该马上通知市政公司做紧急处理，防止再发生车辆被刮的事件，该负责人接受了客户代表的建议。客户代表向班长汇报了此事，随之向客户说明现场的情况，同时留给客户营业厅的联系电话，提醒客户若有事可再联系，客户表示接受。

5月16日10时，营业厅接到该市电视台记者要求采访的电话，记者反映：车辆损坏的车主说供电公司人员否认现场井盖是供电公司的，为了将责任划定清楚，记者要求供电公司派相关人员一起到现场确认井盖的产权归属。随后，营业厅班长再次联系到该部门的负责人，向其说明了记者的意图，并询问是否已经通知市政前去道路维修了，该负责人说还没有。此时营业厅班长预感到该事件有可能被媒体曝光，遂告知该负责人尽快与记者沟通，以防止新闻报道时出现偏差，将事件责任引向供电公司。当日15时，该部门负责人回复，已经与市政沟通近日将会进行道路维修，但没有与记者联系，并要求营业厅向记者进行答复。为了防止事态的扩大，营业厅班长便与记者进行联系，但是该记者手机始终关机，在无奈的情况下，营业厅班长将该事件的前后始末向该公司的新闻中心进行了汇报。当日18时，当地电视台的新闻直通车便将该事件进行了报道,且舆论导向直指供电公司。在新闻报道的次日,事发地段又再次发生了车辆被刮事件。

【违规条款】

(1)《国家电网公司供电服务规范》第四条第二款规定:"真心实意为客户着想,尽量满足客户的合理要求。对客户的咨询、投诉等不推诿、不拒绝、不搪塞,及时、耐心、准确地给予解答。"

(2)《国家电网公司员工服务"十个不准"》规定:"不准违反首问负责制,推诿、搪塞、怠慢客户。"

(3)《国家电网公司供电服务规范》第三十一条规定:"对客户投诉,无论责任归于何方,都应积极、热情、认真进行处理,不得在处理过程中发生内部推诿、搪塞或敷衍了事的情况。"

(4)《国家电网公司供电服务规范》第三十二条规定:"建立对投诉举报客户的回访制度。及时跟踪投诉举报处理进展情况,进行督办,并适时予以通报。"

(5)《国家电网公司供电服务突发事件应急处理预案》第十一条规定:"供电服务突发事件发生后,营销、农电等部门应组织客户服务人员主动与客户沟通,听取客户意见,商议事故解决方案,做好解释工作,取得客户谅解,维护供电公司的服务形象。"

【暴露问题】

(1)维护责任部门对营业厅的回复不及时,工作态度显怠慢,既没有及时与市政部门联系,也没有在紧急情况下与记者及时联系,直接导致曝光事件的发生。

(2)应急处置不及时。现场没有及时处理,在事件处理过程中,供电公司责任部门与营业厅工作人员有推诿现象,延误事件处理的最佳时机。

(3)对电力服务事件没有执行应急处置,在事件曝光后没有足够重视和应急处置,次日再次发生同类事件,有损供电公司形象。

【措施建议】

(1)建立服务快速响应机制,明确服务处理流程,确定服务职责。

（2）提升为民服务意识和责任意识，积极处理与供电服务有关的服务事件。

（3）建立供电服务突发事件应急处置体系，完善服务应急预案，畅通信息沟通渠道，有效处理客户投诉和负面事件，防止事态扩大，提高对服务突发事件的应急处置能力。

【案例点评】

近几年来，井盖频频被盗，引发了不少安全事故，因此"井盖"成为媒体和大众关注的新"关键词"。本案例中，责任部门的负责人缺乏政治敏锐性和新闻触角，虽然客户代表和营业班长一再提醒，但始终未采取有效措施避免媒体介入，甚至在已知媒体介入的情况下仍未能积极做好沟通工作，最终使供电公司的形象蒙受了不该有的损失。"毁城容易，筑城难"，如果每一个员工都对维护供电公司的形象这么不重视，那么供电公司长期以来为客户服务工作所做的努力很快将会付诸东流。因此，让全体员工共同认识到，尽心尽责共同维护好"国家电网"服务品牌形象是一项重要的客户服务工作，是必不可少的。

十一、 业务扩充的具体内容是什么？

业务扩充又称业扩报装，是我国电力企业在用电营销工作中的一个业务术语，指受理客户用电申请，根据电网实际情况，办理供电与用电申请；或者办理供电与用电不断扩充的有关业务工作，以满足客户用电的需求。

业务扩充包含有新装增容用电、增容用电、临时用电和委托转供电等。新装用电是指客户因用电需要，初次向供电企业申请报装用电的情况。增容用电是指用电客户由于原供用电合同约定的容量不能满足用电需要，向供电企业申请增加用电容量的情况。临时用电是指用电客户为短期用电所需容量向供电企业申请用电的情况。委托转供电是指因公用供电设施未到达地区，供电方委托有供电能力的客户（转供电方）向第三方（被转供电方）供电的情况。

新装、增容用电包括：① 新装、增容变压器容量用电；② 新装、增容低压负荷用电；③ 申请双（多）电源用电；④ 申请不经过变压器的高压电动机、自备发电机用电；⑤ 其他负荷用电。

临时用电包括：基建用电、市政建设、抗旱排涝、庆祝集会等非永久性用电，按新装用电手续办理。

《国家电网公司业扩报装工作规范（试行）》（国家电网营销〔2010〕1247号）第四条规定业扩报装工作应按照"一口对外、便捷高效、三不指定、办事公开"的原则开展，其中：

"一口对外"原则是指建立有效的业扩报装管理体系和协调机制，由客户服务中心负责统一受理用电申请，承办业扩报装的具体业务，并对外答复客户。营销、发策、生产、调度、基建等部门按照职责分工和流程要求，完成业扩报装流程中的相应工作内容。

"便捷高效"原则是指以客户为中心，优化业扩报装流程，整合服务资源和信息资源，推行"首问负责制""客户经理制"，严格按照《供电监管办法》及国家电网公司"十项承诺"要求的时限办理业扩报装各环节业务。

"三不指定"原则是指严格执行统一的技术标准、工作标准、服务标准，尊重客户对业扩报装相关政策、信息的知情权，对设计、施工、设备供应单位的自主选择权，对服务质量、工程质量的评价权，杜绝直接、间接或者变相指定设计单位、施工单位和设备材料供应单位。

"办事公开"原则是指在营业场所、95598 客户服务网站或通过宣传资料，公布统一的业扩报装服务项目、业务流程、收费标准等信息；配置自助服务终端，方便客户查询业务办理进程、具备资质的受电工程设计、施工单位信息，以及有关政策。主动接受客户及社会的监督。

➔ 案例一 "三不指定"未记牢 优质服务不到位

【事件过程】

某年 10 月 12 日，客户吴先生到营业厅申请办理店面新装电表。

客户代表小林接待了吴先生：您好，先生，请问您需要办理什么业务？

客户吴先生：我在东区的店面需要申请办理三相 10kW 用电，我带来了房产证、土地证、身份证、营业执照等，现在要如何办理？

客户代表小林：李先生您带的证件资料非常齐全，可以进行正式受理，受理后方案员在 15 个工作日为您提供供电方案答复书，供电方案有效期为 3 个月。

客户吴先生：申请三相电表需要多少费用，需要预交吗？

客户代表小林：现在还不知道需要缴纳多少费用，如果现场有工程的话，我们的设计单位出具设计预算后会书面告知您。方案答复后您需先预交 200元设计费。

客户代表小林：好的，谢谢你，小妹，请你帮忙尽快安排，再见！

客户代表小林：好的，请您放心，请慢走，再见！

【违规条款】

（1）《国家电网公司供电服务"十项承诺"》第五条和《国家电网公司供电服务质量标准》6.1 条规定："供电方案答复期限为低压电力客户不超过 7个工作日。"

（2）《国家电网公司员工服务"十个不准"》第二条规定："不准违反政府部门批准的收费项目和标准向客户收费。"

（3）《国家电网公司员工服务"十个不准"》第三条规定："不准为客户指定设计、施工、供货单位。"

【暴露问题】

（1）客户代表对于业扩服务时限不熟悉，误导客户，新"三个十条"、质量标准的学习不深入，文件与实际业务未能结合。

（2）未按物价部门批准的收费项目和标准进行收费，供电公司替关联企业收取相关业务费用现象仍存在。

（3）个别单位仍存在"三指定"行为，特别是对于低压非居民的业扩报装，由于工程简单、利润较低，客户自购自建难度大。

【措施建议】

（1）业务培训需要理论结合实际。建立案例分析库，每月开展业务例会，定期进行客户回访，了解报装情况。

（2）加大处理代替关联企业代收费用情况，做到严肃处理，彻底清理。

（3）杜绝供电公司"三指定"行为，定期进行明察暗访，对已归档、在途业扩工程进行自查自纠。同时，在营业窗口公示具备资质的承装修试企业名单或链接电力监管网站方便客户查询。

【案例点评】

近年来国家电监会深入开展"三指定"专项治理工作，目的是进一步规范市场行为，秉承公平、公正、公开的竞争原则，放开业扩工程市场，促进业扩服务水平不断提升。各级供电公司都在积极开展"三不指定"专项行动，但仍有部分供电公司存在口头或变相"三指定"行为，业扩工程不透明，严重影响了供电公司的良好社会形象。

➔ 案例二　报装受限监管缺失　投诉风险不断滋生

【事件过程】

客户张先生拨打95598供电服务热线咨询：3月9日到当地供电所申请

安装三相动力电表并办理完相关手续后，至 4 月 12 日仍未收到供电公司的供电方案答复。经查询营销系统，目前流程滞留在"勘查派工"岗位。下派工单给供电公司处理，工单回复说工作人员于 3 月 12 日已到现场勘查，现场已口头告知张先生的母亲，由于该客户所要接入的变压器台区正进行大修改造，暂时无法给予供电，待台区改造后再重新至现场勘查。该客户于 4 月 29 日再次致电 95598 供电服务中心，反映自己申请的负荷无法审批而其邻居较晚申请却已装表接电，要求解释。供电公司回复该配电变压器大修改造于 4 月 25 日完毕，目前具备给客户供电的能力；4 月 30 日供电公司现场勘查并书面答复张先生低压供电方案。客户不满意，拨打 95598 供电服务热线投诉此事。

【违规条款】

（1）《供电营业规则》规定："如因供电公司供电能力不足不能供电的，可告知客户暂缓办理用电手续。"

（2）《国家电网公司业扩报装工作规范》规定："对现场不具备供电条件的，应在勘查意见中说明原因，并向客户做好解释工作。"

（3）《国家电网公司供电服务"十项承诺"》第五条规定："供电方案答复期限为居民客户不超过 3 个工作日，低压电力客户不超过 7 个工作日。"

【暴露问题】

（1）居民低压动力客户报装流程严重滞后而引发投诉。客户于 3 月 9 日申请，4 月 30 日才答复供电方案，流程严重超期。

（2）对于暂时无法供电的情况，只是口头通知客户，而没有书面答复客户。现场改造具备供电条件后，没有主动联系客户重新制订供电方案。

【措施建议】

（1）加强低压供电方案管理，特别是暂时无法供电情况的处理。对经现场勘查后发现现场不具备供电条件的项目，应按照规定给予客户书面答复，说明暂时无法供电的原因，并做好沟通解释工作。

（2）严格遵守《国家电网公司供电服务"十项承诺"》规定的供电方案答复时限要求。设置专人，对业扩流程的资料完整性、正确性、流程时限情况、各环节操作规范性等情况进行跟踪，并提出考核意见。通过及时跟踪、反馈，不断提高业扩全流程服务的规范性。

【案例点评】

低压台区供电能力受限，造成客户报装需求无法得到满足，在经济发达的农村已成为屡见不鲜的现象。但如何进一步推进台区增容改造进度；准确掌握客户需求、合理确定增容容量；增容改造完成后，如何根据客户需求的轻重缓解，安排接入工作等，都是供电公司当前面临的热点和焦点问题，如果不及时解决此类问题，将引发客户投诉的增加。

十二、 业扩工程流程是什么?

业扩工程流程是指供电企业受理客户新装或增容等业扩报装工作的内部传递程序,包括业务受理、现场勘查、供电方案确定及答复、业务收费、受电工程设计审核、中间检查及竣工检验、供用电合同签订、接电、资料归档、服务回访等环节。

制定流程的原则是为客户提供快捷便利的服务。

流程的具体运作是由供电企业营业窗口供电营业厅一口对外完成的。所谓"一口对外"是供电企业的运作遵循内转外不转的原则,即企业内部业务工作传递的所有程序均由用电营业机构统一牵头办理,而客户只要进营业厅一个门,就能在规定期限内办完一次业扩报装申请。

➡ 案例一 现场勘查不到位 承诺时限未兑现

【事件过程】

7 月 25 日,客户吴先生向 95598 供电服务热线投诉:"7 月 14 日,我到你们营业厅去申请一个居民电表,营业员要的材料我都给了,第二天还打电话到营业厅,营业员告诉 14 日流程就到勘查环节,还说会有勘查人员到现场去看,可到今天了还没有任何人来,到底能不能办?你们电力的工作效率就是这样啊……"。座席人员按规范受理了吴先生的投诉,并及时派发给供电公司处理,供电公司回复说明 7 月 16 日联系吴先生想去现场勘测,但其手机没人接听,又因近期新装(增容)等工作量大,勘查人手不够,所以就推迟了吴先生申请业务的现场勘查。对此情况,勘查人员与吴先生做了沟通解释,并于 7 月 26 日进行了勘查,同时现场答复了供电方案,吴先生缴费后,于 7 月 28 日装表送电。

【违规条款】

（1）《国家电网公司供电服务"十项承诺"》第五条规定："供电方案答复期限：居民客户不超过 3 个工作日，低压电力客户不超过 7 个工作日，高压单电源客户不超过 15 个工作日，高压双电源客户不超过 30 个工作日。"

（2）《国家电网公司供电服务规范》第十八条第一款规定："已受理的用电报装，供电方案答复时限：低压电力客户最长不超过 10 天；高压单电源客户最长不超过 1 个月；高压双电源客户最长不超过 2 个月。若不能如期确定供电方案时，供电公司应向客户说明原因。"

【暴露问题】

勘查人员因没有联系到客户而未及时到现场勘查，推迟处理客户的业务申请没有向客户说明原因，也没有告知营业前台，造成未能按承诺时限要求答复客户供电方案。

【措施建议】

（1）组织勘查等现场人员认真学习电力法规、"三个十条"等知识，加强法律意识、责任意识和服务意识，及时做好供电方案答复工作。

（2）建立协同机制，畅通营业各环节业务信息，便于主动、及时地与客户沟通协商。

【案例点评】

本案例所提及的供电公司低压业扩流程的预警机制缺失，使得低压供电方案答复环节处于失察状态。由于低压业扩工程项目多，流程推进的时效要求高，已经成为供电公司发生违诺行为的主要危险点，特别是供电方案答复环节。如何建立有效的跟踪机制、实现流程超期的全方位预警、全面提升报装服务水平，是低压业扩管理的难点和重点，也是客户关心的热点和焦点，同时还是供电公司应该全力以赴克服的短板。

案例二　业扩检查

【事件过程】

营销稽查人员利用营销业务应用系统进行业扩检查时，发现一户一般工商业用户（单电源供电）申请高压新装业务，受理时间为 2010 年 10 月 24 日，供电方案无电源方案。纸质档案中受理时间为 2009 年 7 月 24 日，答复供电方案时间为 2009 年 8 月 20 日，设计文件审核时间为 2009 年 9 月 17 日，中间检查时间为 2010 年 8 月 7 日，在检查其纸质档案时无竣工验收工单。

【违规条款】

（1）《国家电网公司业扩报装工作规范（试行）》（国家电网营销〔2010〕1247 号）第十四条规定："深化营销信息系统业扩报装业务应用，全面推广统一的电子表单，严格业扩报装资料、业务办理等信息的录入管理，确保系统内信息与业扩报装实际进程保持一致，严禁客户业扩报装流程脱离营销业务系统自转，严禁擅自修改营销信息系统内业扩报装各环节完成时间。"

（2）《国家电网公司供电服务"十项承诺"》第五项规定："供电方案答复期限，高压单电源不超过 15 个工作日。"

（3）《国家电网公司业扩报装工作规范（试行）》（国家电网营销〔2010〕1247 号）第十七条规定："现场勘查的主要内容包括：审核客户的用电需求、确定客户用电容量、用电性质及负荷特性，初步确定供电电源（单电源或多电源）、上一电压等级的电源位置、供电电压、供电线路、计量方案等。"

（4）《国家电网公司业扩报装工作规范（试行）》（国家电网营销〔2010〕1247 号）第四十六条规定："装表接电完成后，应及时收集、整理并核对归档信息和报装资料，建立客户信息档案和纸质档案。"

【暴露问题】

（1）供电方案答复期限未满足《国家电网公司供电服务"十项承诺"》的要求。

（2）业扩流程不规范。

（3）业务人员素质不高。

（4）档案管理不到位。

（5）业扩报装工作管理疏漏。

【措施建议】

（1）加强对业扩报装工作的管理，对营销业务系统各个环节、时限进行监控。严禁营销业务系统外流转，业扩超时限。

（2）严格按有关规定要求制定供电方案并及时详细录入营销业务系统。

（3）严格对客户档案按"一户一档"的原则进行建档，并建立常态管理机制。

（4）工作结束后，应及时收集、整理并详细核对归档信息和报装资料，建立客户信息档案和纸质档案。

【案例点评】

本案例中，责任单位和个人未切实履行服务承诺，导致被考核，发生此次事件除因工作人员个人疏忽所致之外，责任班组和基层单位监管不力也是一个重要因素。所以，要加强基层班组建设和管理，提升班组成员技能水平和思想素质，完善工作标准和加强业务管理；也要加强用电稽查工作，及时发现问题，杜绝业务办理各环节的疏漏，提高企业服务质量，进而提升电力企业形象。

十三、供电方案的主要内容是什么？

确定供电方案是业务扩充工作的一个重要环节，供电方案正确与否，将直接影响电网的结构与运行是否合理、灵活；客户必需的供电可靠性能否满足；电压质量能否保证；客户变电站的一次性投资与年运行费用是否经济合理等。所以，正确制定供电方案是保证安全、经济、合理地供用电的重要环节。

供电方案的主要内容：供电方案包括供电电源位置、供电容量、供电电压等级、进线方式、供电线路敷设，供电回路数、路径、跨越、主接线、运行方式、继电保护方式、调度通信、计量方式、执行电价标准等内容。

供电方案要解决的主要问题实际上可以概括为两个：

（1）"供多少"。是指批准受电容量为多少比较适宜。

（2）"如何供"。是指确定供电电压等级，选择供电电源，明确供电方式与计量方式。

→ **案例一　制定供电方案**

【事件过程】

某煤矿企业于 3 月 17 日到供电公司申请用电，报装容量为 6300kVA，该客户填写的用电设备清单上注明井下通风机、井下载人电梯、井下抽水泵等一级负荷用电设备容量为 800kW。由于该煤矿地处农村，受供电条件限制（附近只有 35kV 电源），5 月 20 日，供电公司答复的供电方案为：客户为一级重要客户，从某变电站以 35kV 单电源单回路供电，配置 1 台 6300kVA 变压器受电，同时应配置 1 台 1000kW 容量的发电机作为自备应急电源。8 月，受电工程竣工后，该客户向政府安监部门申办安全生产许可证时，安监部门检查人员认为该煤矿供电电源配置不符合安全生产要求，客户随即向供电公司提出了质疑。

【违规条款】

（1）《国家电网公司供电服务"十项承诺"》第五条规定："供电方案答复期限：居民客户不超过 3 个工作日，低压电力客户不超过 7 个工作日，高压单电源客户不超过 15 个工作日，高压双电源客户不超过 30 个工作日。"

（2）《国家电网公司业扩供电方案编制导则》（国家电网营销〔2010〕1247号）8.1.1.2 条规定："一级重要电力客户应采用双电源供电，二级重要电力客户应采用双电源或双回路供电。"

（3）《国家电网公司业扩供电方案编制导则》（国家电网营销〔2010〕1247号）93.1 条规定："具有两回线路供电的一级负荷客户，其电气主接线的确定应符合下列要求：35kV 电压等级应采用单母线分段或双母线接线；装设两台及以上变压器。"

【暴露问题】

（1）业扩报装流程各环节时限监控不到位。

（2）供电方案未按有关规定进行制定，造成不符合要求，给客户带来安全隐患和经济损失。

【措施建议】

（1）严格执行《国家电网公司业扩报装工作规范（试行）》（国家电网营销〔2010〕1247号）及《国家电网公司"十项承诺"》等规定，严格控制各环节时限，提高工作效率。

（2）严格按《国家电网公司业扩供电方案编制导则》（国家电网营销〔2010〕1247号）的规定进行供电方案编制，避免供电安全隐患。

➡ 案例二　电能质量事件引投诉

【事件经过】

某市有一特种钢生产企业，原有用电容量为 3150kVA，企业安排夜间生产，使用低谷电，与该用户毗邻的为一家电子生产企业，电子厂上白班，两家企业共用一条 10kV 线路供电。现特种钢生产企业扩大生产规模，增加部分生产设备，申请增加用电容量 1500kVA，生产班次改为 3 班。

特种钢客户申请用电资料齐全，供电企业按照相关规定受理客户申请资料。在现场勘查完成后，客户打电话告知受理人员及现场勘查人员将原中频炉改为电弧炉，但未向供电企业提供变更图纸等资料文件。供电企业工作人员在规定时限内完成了供电方案答复、设计审查、竣工验收、装表接电等工作。在增容业务后续办理环节中，由于工作人员疏忽也未及时发现该企业已将原有生产线的中频炉改为电弧炉。毗邻的电子厂在特种钢企业投产后，生产的电子产品成批不合格，检查后发现由于电压波动和闪变超标，造成产品不合格，因此拨打 95598 进行投诉。

【违规条款】

（1）《国家电网公司业扩报装工作规范》第十八条规定："对于具有非线性负荷并可能影响供电质量或电网安全运行的客户，应书面告知客户委托有资质的单位开展电能质量评估工作，并提交初步治理技术方案，作为业扩报装申请的补充资料。"

（2）《国家电网公司业扩报装工作规范》第二十条规定："现场勘查时，应重点核实客户负荷性质、用电容量、用电类别等信息，结合现场供电条件，初步确定电源、计量、计费方案。"

（3）《国家电网公司业扩供电方案编制导则》第 11.2.2 条规定："客户应委托有资质的专业机构出具非线性负荷设备接入电网的电能质量评估报告。"

（4）《国家电网公司业扩供电方案编制导则》第 11.2.3 条规定："按照'谁污染、谁治理''同步设计、同步施工、同步投运、同步达标'的原则，在供电方案中，明确客户治理电能质量污染的责任及技术方案要求。"

【暴露问题】

（1）供电服务人员业务素质不过硬，对客户电气设备负荷特性认识不到位，未充分了解客户的用电性质，导致对有谐波源的客户提供了存在缺陷的供电方案。

（2）缺乏工作责任心。受电客户用电业务咨询时，未主动向客户说明该项业务需提供的相关资料。对具有非线性负荷的客户，未履行书面告知客户应提供电能质量评估资料的义务。

工作制度执行不严,业扩报建装各环节工作质量监控不到位。现场人员在现场勘查、中间检查、竣工验收等环节未对客户原有用电设备进行检查,导致客户非线性用电设备接入电网,影响电能质量,造成毗邻电子厂经济损失。

【措施建议】

加强业扩报装报装人员培训,充分了解客户用电性质,加强客户非线性负荷谐波管理。

十四、 装表接电的具体内容是什么？

装表接电是业扩报装全过程的终极，是客户取得实际用电权的标志，也是电力销售计量的开始。它是供电企业的基本工种之一，也是电力营销工作的主要内容。正确的装表、接电是安全供电及准确、公正计收电费的根本保障、直接体现了供电企业优质服务水平。

装表接电的主要任务包括电能计量装置的安装验收、电能表周期轮换及电能计量装置现场维护、故障处理等。凡属于用户装设的计费装置，包括单相、三相和高压、低压装置，从一次进户线到计量装置的所有二次回路，均属于装表接电工作范围。

装表接电的工作质量，是以装表接电工作能否严格依照国家和行业的相关标准时限规定，熟练应用各种专业工具，将计量用电能表、互感器及其他相关部件快速、准确安装到位，确保电能计量装置接线正确、可靠布局合理、按时完成等方面来评判的。

➜ 案例一 装表延时遭投诉

【事件过程】

5 月 20 日，客户王先生向供电公司申请低压动力用电、供电公司业扩报装人员当日组织了现场勘查，并确定了供电方案。6 月 3 日，施工完毕并经验收合格。办理完相关手续后，装表人员于 6 月 6 日领表出库，但由于工作疏忽，一直未完成装表接电工作。客户王先生对此表示非常不满，6 月 19 日，向 95598 进行投诉，6 月 30 日，95598 服务人员方与王先生取得联系，完成装表接电工作。

【违规条款】

（1）《国家电网公司供电服务"十项承诺"》第五条规定："供电方案答

复期限:居民客户不超过 3 个工作日内,低压电力客户不超过 7 个工作日。"

(2)《国家电网公司供电服务"十项承诺"》第六条规定:"装表接电期限:受电工程检验合格并办结相关手续后,居民客户 3 个工作日送电,非居民客户 5 个工作日内送电。"

(3)《国家电网公司供电服务"十项承诺"》第十条规定:"受理客户投诉后,1 个工作日内联系客户,7 个工作日答复处理意见。"

【暴露问题】

(1) 业扩报装流程各环节时限监控不到位。

(2) 装表人员工作责任心不强,服务意识淡薄,未能按承诺时限完成装表工作。

【措施建议】

(1) 立即安排专人负责调查落实,情况是否与客户投诉相符。

(2) 立即安排相关人员向客户王先生道歉,取得客户的谅解。

(3) 与媒体沟通,消除不良影响。

【案例点评】

装表接电是电力营销工作中的关键环节,装表接电工作人员处于服务客户第一线,更应该努力完善服务手段,提高服务质量,创新服务项目,以提升客户满意度。在本案例中工作人员责任意识淡薄导致业务办理超时限,暴露出责任单位在班组日常培训和管理上存在较大漏洞,另外,工作人员自身疏忽未及时推进业务流程,且后续无人对受理业务进行跟踪督办,最终引发客户不满而投诉。

案例二 计量装置后续服务不到位 追更换表未通知

【事件过程】

某客户所在小区部分表计故障轮换,供电公司客户经理王某忙于其他工作,在与计量班交接工作中出现偏差,导致换表通知不到位,旧表起止度未经客户确认,旧表余额未转入新电表,且新表配套购电卡也未发放给客户,继而引发客户投诉,该投诉属实。

【违规条款】

（1）《关于进一步规范电能表申校及换装服务行为的通知》第四条第一款规定："做好电能表换装前的配套服务措施。在台区换装前，应在小区和单元张贴告知书，在物管、社区（村委会）备案，积极争取物管、社区（村委会）给予协调和宣传上的支持。"

（2）《供电营业规则》第七十二条规定："供电企业在新装、换装及现场校验后应对用电计量装置加封，并请客户在工作凭证上签章。"

（3）《关于进一步强化电能表装接防串户和用户申校服务措施的通知》第一条第二款规定："换表后要逐户送达或张贴'换表告知书'，提醒客户检查是否串户。'换表告知书'应告知客户新、旧电能表起止度，并提醒其核对自家的电能表号、表后开关、户名、进户线是否正确。换表工单正确填写新、旧电能表起止度，并请客户签字，或请物管人员签字确认。"

（4）《国家电网公司供电服务规范》第二十一条第一款规定："供电企业在新装、换装及现场校验后应对用电计量装置加封，并请客户在工作凭证上签单。如居民客户不在家，应以其他方式通知其电表底数。"

【暴露问题】

（1）供电所工作人员服务意识和责任意识不强，前期宣传解释工作未落实到位。

（2）工作人员现场操作流程不规范，未严格按要求让客户对装换表工作进行签字确认，并进行电表起、止度核对，工作随意性较大。

（3）供电所工作人员未正确履行岗位职责，工作粗心大意，未及时完成 SG186 系统内的流程归档，旧表底度未及时写入新电卡，也未及时给客户更新购电卡，给客户带来不良感知，且存在未提前通知就单方面停电的服务风险。

（4）供电所日常管理工作不到位，缺乏有效监督管控和跟踪服务机制。

【措施建议】

（1）提高工作人员责任意识和服务意识，加强智能电表改造、轮换前期的宣传和解释工作，针对居民小区，落实专人负责换表前告知工作，换表公告尽量张贴在小区出入口、客户单元门等醒目位置。

（2）进一步做好智能电表换装后续服务工作，落实新、旧表计起、止度数的核对工作，完善购电卡发放、电费余额结转等服务工作。

（3）进一步加强客户变更后档案信息的及时更新和维护，并做好客户联系跟踪，以确保客户能及时接收供用电服务相关信息。

（4）加强对智能电表换装人员现场服务规范的学习，同时应对现场工作情况进行不定期抽查，并建立考核机制。

（5）供电公司应建立完善的管控机制，加强智能电表现场换装工作的规范化和标准化，加大监督、考核力度，强化现场施工管理和过程管控。

【案例点评】

当前，智能电表推广工作大面积铺开，但因任务重，时间紧，人手短缺等客观因素，再加上个别单位工作安排不合理，工作现场管理不到位等主观因素，导致在实际工作中存在换装通知不到位、电表起止度确认不到位、施工现场管理混乱等现象，对公司形象造成负面影响，也是公司的管控重点之一。本案例中，工作人员"换表未告知，底数未确认"情况属实，严重违反操作规范，存在较大服务风险，对计量类属实投诉指标影响较大，较为典型。

十五、 日常用电营业的工作内容是什么？

日常用电营业是指"业务扩充"以外的其他用电业务工作。它的主要对象是已经接电立户的各类客户或临时客户等。客户在用电过程中会发生各种各样、影响各异的问题，需要和供电企业取得联系，以求得到解决，营业厅（室）要受理承办或转达到有关部门研究处理，务求迅速、合理地予以解决。这不仅是保证电能销售渠道畅通所必需，也是供电企业为社会提供服务、取信于社会的极为重要的环节；它不仅起到协调供电企业内部各部门、各工序的作用，而且是供电企业与社会联系的重要纽带。该项工作与业务扩充、电费管理、电能计量管理组成整体，相互联系，相互影响。在营销过程中起到承前启后的作用。日常用电营业项目多、范围广、服务性及政策性强。就其工作内容，概括起来可分为营业管理工作和营销服务工作两大类。

1. 营业管理工作

（1）变更用电业务。主要是指对正式用户在用电过程中办理的业务变更和其他有关事项的处理。例如：减容、暂停、移表、过户、变类等。内容很多，多为服务性、政策性的业务，这种业务关系着电力企业的形象，直接联系客户，要求真诚、规范，使客户感到方便。

（2）客户资料的管理。客户资料，又称客户档案。是用于保存和记载客户从申请用电开始到装表接电以及用电后所发生的变更用电等有关事宜的全部原始资料，包括为客户办理有关用电工作的原始凭证。各种业务费用包括报装接电劳务费，工程设计审查咨询费，电气试验费，电能表修校费，电能表赔偿费等。

2. 营销服务工作

日常营业中的服务性工作是指用户因不了解国家、地方政府及供电部门有关规定而来信来访，要求排解用电纠纷，接受投诉举报，提出质疑等。主要有：咨询类；宣传、解释类，解答用电器具的合理使用方法、宣传解释电业规章制度、电价政策以及安全用电常识等；排除用电纠纷类；处理人民来信来访类。

3. 具体案例

➜ **案例一　缺件未告知　流程随意终止**

【事件过程】

某年 6 月 18 日上午，客户张先生至当地供电营业厅办理其别墅用电低压增容业务。在未携带身份证的情况下，客户要求供电公司先受理，资料待后续环节补交。窗口客户代表小林口头同意后，将该项目录入 SG186 系统。6 月 21 日，因小林休假，项目移交给客户代表小王办理。小王认为这个项目申请资料不齐全不能受理，在未通知客户补充申请资料的情况下就将项目流程终止。至次月 16 日，无工作人员联系客户答复供电方案、通知缴费等事宜，也未帮其装表，造成客户的别墅装修工期延误，客户张某因此拨打 95598 供电服务热线进行投诉。

【违规条款】

（1）《国家电网公司员工服务"十个不准"》第五条规定："不准违反首问负责制，推诿、搪塞、怠慢客户。"

（2）《国家电网公司供电服务规范》第四条第五款规定："熟知本岗位的业务知识和相关技能，岗位操作规范、熟练，具有合格的专业技术水平。"

（3）《国家电网公司供电服务质量标准》6.1 条和《国家电网公司供电服务"十项承诺"》第五条规定："供电方案答复期限为自受理申请之日起，居民客户不超过 3 个工作日，低压电力客户不超过 7 个工作日。"

（4）《国家电网公司供电服务质量标准》6.7 条规定："对客户用电申请资料的缺件情况、受电工程设计文件的审核意见、中间检查和竣工检验的整改意见，均应以书面形式一次性完整告知。"

【暴露问题】

（1）人员请假、岗位变更的交接制度落实不到位，小林请假前未将该项目的特殊情况和处理意见充分告知小王，导致项目流程失控，是造成客户投诉的最直接原因。

（2）客户代表小王工作责任心不强，发现项目申请资料不全，未积极采取措施进行补救，而是简单地将项目流程终止，并未与客户代表小林进行联系确认。

（3）发生本事件的供电公司业扩流程各环节管理制度不健全或者制度落实不到位，申请环节资料不全，客户代表未书面告知；流程中止过于随意，未进行严格把关。

【措施建议】

（1）强化人员请假、岗位变更交接管理制度的执行，针对岗位移交中的不到位情况，确定后续责任划分，并加强考核。

（2）修订和完善业扩流程管理相关制度，明确各环节作业要求，加强上下道工序间的监督，确保业扩报装各环节流程的规范性操作。

（3）充分利用营销稽查监控系统，对各类业扩流程的资料完整性、正确性、流程时限等进行跟踪、管控，提出考核意见。通过及时跟踪、反馈，不断提高业扩全流程的服务规范性。

（4）加强客户代表的业务培训，不断提高业务能力和工作责任心；规范客户代表的业务执行考核，通过考核强化各项工作标准的执行力。

【案例点评】

"服务无小事"——客户服务是一项细致的工作，容不得半点马虎大意，工作人员任何疏漏都可能给客户带来巨大损失，给供电公司形象造成负面影响。本案中客户代表小林和小王的工作移交不到位，给客户带来不必要的损失，实际上折射出供电公司日常供电服务中存在一些不尽如人意的地方。如何举一反三，避免类似事件重复发生是需要每一个员工深思的问题。

➡ 案例二　移表服务

【事件过程】

某客户于 2009 年 5 月 9 日在供电公司办理了位于光明街 1 号的文具店新装用电手续。2011 年 5 月 18 日，光明街 1 号拆迁，文具店搬到由另一线路供电的解放街 1 号，申请把电表迁移到新址。营业员于次日受理了客户的移表申请，5 月 30 日，客户询问为何仍未现场勘查，营业厅工作人员称勘查人员太忙，并答应客户尽快安排。两周后客户带着已拆下来的电表，找到供电公司请求安装到新用电地址，供电公司营业厅在收取了相应的装表费后，将电表移到了新址。

【违规条款】

（1）《国家电网公司供电服务规范》第四条第五款规定："熟知本岗位的业务知识和相关技能，岗位操作规范、熟练，具有合格的专业技术水平。"

（2）《国家电网公司供电营业规则》第二十七条规定："在用电地址、用电容量、用电类别、供电点等不变情况下，可办理移表手续。"

（3）《国家电网公司供电营业规则》第二十六条规定："原址按终止用电办理，供电企业予以销户，新址用电优先受理；迁移后的新址不在原供电点供电的，新址用电按新装用电办理。"

（4）《国家电网公司供电营业规则》第一百条第四款规定："私自迁移、更动和擅自操作供电企业的用电计量装置、电力负荷管理装置、供电设施以及约定由供电企业调度的用户受电设备者，属于居民用户的，应承担每次 500 元的违约使用电费；属于其他用户的，应承担每次 5000 元的违约使用电费。"

（5）《国家电网公司供电服务"十项承诺"》第五条规定："供电方案答复期限，低压电力客户不超过 7 个工作日。"

（6）《国家电网公司供电营业规则》第七十二条规定："计费电能表及附件的购置、安装、移动、更换、校验、拆除、加封、启封及表计接线等，均由供电企业负责办理，用户应提供工作上的方便。"

（7）《国家电网公司供电服务规范》第五条第四款规定："严格执行国家规定的电费电价政策及业务收费标准。严禁利用各种收费方式和手段变相扩大收费范围和提高收费标准。"

（8）《电力法》第三十一条、《电力供应与使用条例》第二十六条规定："用户应当安装用电计量装置。用户使用的电力电量，以计量检定机构依法认可的用电计量装置的记录为准。"

【暴露问题】

（1）该户不具备办理移表手续的条件（改变了用电地址和供电点），不能办理。原址应按销户办理，新址应按新装办理。

（2）供电公司应要求客户承担私自拆除电表的违约责任。

（3）办理移表业务的供电方案答案时间超时限。

（4）供电公司工作人员业务不熟，不得将拆下的旧表按新装重新装给客户。

（5）新装的电能计量装置未经计量检定机构检定合格。

【措施建议】

（1）强化规章制度的落实，保证工作人员工作按规章制度办事，加大监督考核力度，严格遵守供电服务规范，不断提升供电服务规范化水平。

（2）加大对工作人员的业务培训，提升专业技术水平和岗位技能。

（3）全面建立优质服务保障机制。以满足客户需要为供电服务的出发点，围绕客户需求，供电服务一线人员要规范行为，杜绝各类不良服务事件的发生。

【案例点评】

在客户办理业务过程中，工作人员未及时交接并核实信息，仅凭主观意识对未办理业务直接采取注销方式解决问题属于典型的业务技能欠缺、业务办理不规范现象，应坚决杜绝。该案例暴露出部分工作人员服务意识和主观能动性缺乏，对业务相关管理规定不熟悉，不仅给客户带来不良感知，也影响公司的企业形象。

十六、 电费管理的具体内容是什么？

电费管理实际上是电费的计收管理，它是指按照国家价格主管部门批准的电价，准确、及时地回收电费以及对其进行管理的活动。电费管理的工作主要体现在抄表、核算、收费和综合统计、分析等四个具体环节上。

➤ 案例一　私拿电费致客户欠费停电

【事件过程】

1月3日，收费员洪某在收费过程中，私自将一户预购电客户的电费实收收据作废，又以少于客户实缴金额的数目重新入账，少进金额 1000 元，而负责总账核对的收费员刘某未核实洪某收费日报表，2 月 13 日，客户欠费跳闸停电，经该公司营销负责人与客户对账后，发现了洪某将 1000 元电费据为己有的事实。

【违规条款】

（1）《国家电网公司电费抄核收工作规范》第十四条规定："抄表及收费人员不得以任何借口挪用、借用、贪污电费资金。"

（2）《国家电网公司电费抄核收工作规范》第二十六条规定："电费收取应做到日清日结。收费人员每日将现金交款单、银行进账单、当日电费汇总表交电费财务人员。"

（3）《国家电网公司电费抄核收工作规范》第三十七条规定："采用（预）购电收费方式时，每日收费结束后，应进行收费整理，清点现金和票据，保证与购电数据核对一致。"

【暴露问题】

（1）总账核对人员工作责任心不强，"日清日结""每日对账"等制度贯彻落实不到位，未能及时发现私自挪用电费。

（2）（预）购电装置管理不到位，对于营销信息化系统于购电系统中电费余额"差异性"未及时调整，导致不存在的"欠费停电"。

【措施建议】

（1）加强员工职业道德教育，提高营销员工对企业的归属感和忠诚度。

（2）电费收缴严格落实财务制度，确保不发生电费资金安全事故。

（3）有关部门要按规定对该员工进行相应处理。

【案例点评】

收费员利用职务之便，私自将客户所缴电费占为己有，其行为已经是贪污行为。本案例暴露出部分工作人员综合素质较低，责任感不强，财务管理制度不严的问题，所以供电公司应对涉及电费资金安全的抄表收费管理、票据管理、电费资金归集进行充分梳理，全面加强电费资金的管理，有效降低企业的财务风险。

➜ 案例二　抄表催费抄表数据异常引投诉　零度户清理要及时

【事件过程】

赵先生的用电地址属某供电所服务范围。经查，该户于 2017 年 8 月 14 日批量更换电表，抄表方式为远采集抄，换表后采集数据一直为零，某供电所客户经理陈某工作责任心不强，未及时到现场进行补抄，导致连续几月抄录客户电量为零。同时客户反映的掌上电力绑定后无法显示户号信息，经查是由于更换电表后采集系统后台推送数据有误，未及时将数据推送至客户手机。后经采集班处理，客户掌上电力 APP 恢复正常。综上，客户连续几月零电量情况确因抄表员工作过错所致，该投诉属实。

【违规条款】

（1）《国家电网公司电费抄核收管理规则》第二十二条第二款："在采用远程自动抄表方式后的前三个抄表周期内，应每个周期进行现场核对抄表。发现数据异常，立即处理。"

（2）《国家电网公司电费抄核收管理规则》第二十二条第一款："远程抄表前，应监控远程自动抄表流程状况、数据获取情况，对远程自动抄表失败、抄表数据异常的，应立即进行消缺处理。"

（3）《国家电网公司电费抄核收管理规则》第二十三条："抄表数据应及时进行复核。发现电量突变或分时段数据不平衡等异常情况，应立即进行现场核实；确有异常时，应提出异常报告并及时处理。"

（4）《国家电网公司电费抄核收管理规则》第二十二条第三款："正常运行后，对连续三个抄表周期出现抄表数据为零度的客户，应抽取一定比例进行现场核实，其中，10kV 及以上客户应全部进行现场核实；0.4kV 非居民客户应抽取不少于 80% 的客户，居民客户应抽取不少于 20% 的客户。"

【暴露问题】

（1）抄表人员工作责任心和业务技能有待进一步提升，针对长期"零度户"的异常用电情况，抄表人员未严格按照规范要求进行逐月现场核抄。

（2）电费核算工作质量不高，客户电表长时间电量为 0kWh，却未引起关注，也未及时安排人员进行现场核实。

（3）供电公司对采集终端设备日常运行、维护工作不到位，采集消缺处理不及时。

（4）供电公司管控机制不健全，导致基层单位对"零度户"的清理工作未予以关注、跟踪和处理，存在管理漏洞。

【措施建议】

（1）加强抄表人员责任意识和抄表业务规范性培训，并不定期进行日常业务流程的抽查，杜绝出现估、代、漏、错抄行为的发生。

（2）加强电费核算工作质量，并开展对"零度户"的逐户清理，同时加强采集设备的日常维护，确保数据采集成功。

（3）进一步提升公司内部监管机制，建立有效的跟踪督办流程，提前防控投诉风险。

（4）抄表类投诉属公司营销服务规范率指标中一类服务不规范工单，对公司关键业绩指标有较大影响，为当前工作中需重点管控的投诉类别。

【案例点评】

随着智能电表的全面推广，抄表工作已由过去的人工抄表转变为智能电表远程自动抄表，但抄表数据异常情况时有发生，个别单位在管理方面未能严格落实有关规定，导致部分工作人员因实现了远程自动抄表就在主观上和执行上忽略了抄表工作的本职要求。本案例中，抄表人员工作不到位、责任心不强、业务技能欠缺，未严格执行电费抄核收制度。同时，供电公司台区采集成功率较低，电费抄核收工作监管存在漏洞，暴露出责任抄表工作的服务短板和管理漏洞，对其他单位在管理方面也有警示纠偏作用，具有较强典型性。

十七、 抄表管理的具体内容是什么？

抄表就是供电企业负责抄表的工作人员，按照规（约）定的抄表时间，用不同的抄表方法将客户电能表当月用电所指示的数值准确抄录下来，供计算电费使用。

抄表工作服务准则：

（1）准时到位，抄录正确。严格执行抄表例日制度，正确抄录电表表码，不错抄、漏抄、估抄；尊重客户知情权，告知客户抄表例日，满足客户核对表码要求。

（2）及时送达信息透明。电费发行后应及时通过员工递送、邮件信函、手机短信、电子邮件和数字电视等手段向客户传达电费信息。

（3）依法合规，文明催费。文明催缴电费，保护客户隐私，对多次催缴无效的客户，严格执行停电相关管理规定和履行停电审批制度。客户缴清欠费后尽快组织复电。停复电前后保持与客户的沟通。做好宣传解释工作。

（4）专业尽责。延伸服务是以认真负责的态度和专业规范的精神开展抄表工作，耐心细致向客户解答有关电价、抄表、收费等方面的咨询，提供与抄表相关的延伸服务。

➔ 案例一 估抄电量惹不满

在居民抄表例日，抄表员赵某因雨、雪、冰冻不便出门，没有按照以往的周期抄表，而是对客户王某的电能表示数进行了估抄，超出实际电量350kWh，达到客户平均月电量的 3 倍多，当客户接到电费通知书后，与抄表员联系要求更正，但抄表员以工作忙为由，未能及时解决，造成客户不满，客户向报社反映了此事，报社进行了报道。

【违规条款】

（1）《供电营业规则》第八十三条规定："供电企业应在规定的日期抄录计费电能表读数。"

（2）《国家电网公司供电服务规范》第十九条第一款规定："供电企业应在规定的日期抄录计费电能表读数。因客户原因不能如期抄录计费电能表读数时，可通知客户待期补抄或暂按前次用电量计收电费，待下一次抄表时一并结清。确需调整抄表时间的，应事先通知客户。"

（3）《国家电网公司供电服务规范》第四条第二款规定："真心实意为客户着想，尽量满足客户的合理要求。对客户的咨询、投诉等不推诿、不拒绝、不搪塞，及时、耐心、准确地给予解答。"

（4）《国家电网公司员工服务"十个不准"》第四条规定："不准对客户投诉、咨询推诿塞责。"

【暴露问题】

（1）抄表员在服务意识、工作态度、责任心等方面有待进一步提升，规章制度执行不严、学习掌握不彻底，未真正使服务规范、工作标准落实到工作人员的思想和行动上。

（2）对投诉事件响应处理不及时。抄表员对事态发展可能带来的影响估计不足，认识不深刻，处理不及时，失去了正确处理的最佳时机，从而扩大了负面影响，形成被动局面。

（3）电费核算工作质量不高，未能及时发现电量异常，失去了控制事件发展的机会。

【案例点评】

日常工作中，要严格执行有关规章制度，加强执行力建设，培养员工高度的责任心和工作中的自觉规范意识，是做好抄、核、收工作的基本保障。

➤ 案例二　估抄引发退费　处理不当惹投诉

【事件过程】

2011 年 5 月 15 日,客户李先生拨打 95598 供电服务热线投诉抄表错误,客户对 5 月份与 4 月份用电电量存有疑问，他本人于 5 月 15 日查看了电表，读数为 2349，而供电公司于 5 月 5 日抄表读数却为 2586。于是，座席代表下发工单给供电公司处理，工单回复反馈：抄表员 5 月份抄表时，客户家中大门紧闭，未与客户联系直接按上月电量进行估算，16 日，已重新按照现场电表示数 2358 计算电费，多收金额按预存电费处理。17 日，工单回访客户时，客户表示自己是租户，下月就搬走不住了，希望采用现金退补电费，并要求支付多收费用的利息，否则就升级投诉。工单被回退重新下派给供电公司，回复已按规定处理，客户属于不合理要求。客户不满，致电省供电公司监察部投诉。

【违规条款】

（1）《供电营业规则》第八十三条规定："供电公司应在规定的日期抄录计费电能表读数。由于客户的原因未能如期抄录计费电能表读数时，可通知客户待期补抄或暂按前次用电量计收电费，待下次抄表时一并结清，因客户原因连续 6 个月不能如期抄到计费电能表读数时，供电公司应通知该客户得终止供电。"

（2）《国家电网公司供电服务规范》第四条第二款规定："真心实意为客户着想，尽量满足客户的合理要求。对客户的咨询、投诉等不推诿、不拒绝、不搪塞，及时、耐心、准确地给予解答。"

【暴露问题】

（1）抄表员责任心不强，抄表不成功时没有按照规定联系客户待期补抄，而是在客户不知情的情况下进行估抄，导致客户电费出现差错。

（2）供电公司没有有效措施对抄表员的抄表准确性进行有效监管，无法在第一时间自主发现抄表人员的工作差错。

（3）供电公司工单处理人员未认真分析客户诉求，提出合理解决方案，没有做好客户沟通工作，引起客户不满，引发投诉升级。

【措施建议】

（1）加强抄表管理。提高抄表准确率和到位率，遇到客户原因而无法抄表时，需按规定进行处理，可通知客户待期补抄或暂按前次用电量计收电费，待下次抄表时一并结清，并征得客户的理解和支持。同时，从管理上重点对上下月电量一样的客户进行抄表抽查。

（2）加强服务管理。对于客户提出的合理要求，应第一时间进行原因分析，并与客户沟通处理，换位思考解决问题，提高客户问题一次解决率。

（3）加强工单管理。要求工单回复完整、规范，并如实反映事件过程和处理结果，对于被回退工单应认真处理与审核把关，真心实意解决客户提出的合理诉求。

【案例点评】

"估抄"是以往抄表工作中屡禁不止的违规行为，由于客户不知情或未留意，同时部分基层公司的监管机制也是不到位，使得这种现象始终无法得到有效遏制。目前，公司正全面建成覆盖全部客户、采集全部用电信息、支持全面电费控制，即"全覆盖、全采集、全费控"的采集系统。采集系统使传统的电费抄核收方式发生了质的变化，从手工抄表变为自动抄表、从人工核算变为智能核算、从现金收费变为电子收费，账务处理可改为实时清账。按照核算规则，系统会自动将异常户、重点户、例外户筛选出来，留待相关人员进行人工逐户复核和确认，其余客户就直接流转到收费环节了，这大大提高了电费核算的"精确制导"能力和工作效率。

十八、 电费核算服务的具体内容是什么？

电费核算又称电费审核，是把抄表取得的有关用电数据按不同类别及倍率算出用电量，再按国家规定的电价和计收电费方式计算出电费，并开具电费收据作为向客户收取电费的依据过程。

电费核算质量的好坏，直接关系电费能否按照规定及时、准确地回收；关系账务是否清楚；关系统计数据是否准确。

电费核算的基本信息包括客户全称、客户编号、详细地址、开户银行、税务登记号、联系电话、申请书号、申请时间、申请容量、设备参数、线路、变压器信息（计算变压器损耗、线路损耗、基本电费）、客户的用电类别、电压等级、确定电价、各用电类别占总用电量的比例或定量、抄表示度数（本次，上次），有功电能表（总、尖、峰、谷、平）及无功电能表示度数、正/反向无功示度数、最大需量、拆除计量装置表底电量、审核电费收据、复核、应收电费，审核无误后加盖收费章与托收电费章，并生成总应收电费日报表。

➜ 案例一　粗心大意抄表引投诉

【事件经过】

2012 年 2 月 18 日，某供电所抄表员陈某按照当月的抄表例日对用电客户范某家的电能表进行抄表，由于抄表员陈某抄表时粗心大意，范某家的电能表读数本来为 1562kWh，结果错抄成 1862kWh，多抄了 300kWh，当范某到供电营业厅交费时发现本月的电费比平常多出 3 倍，当时就拒绝交纳电费，要求该供电所陈某查找原因，而陈某当时以忙为由没有去查找原因，范某对此很不满意，回家看完电能表，发现多抄了数字，于是范某直接拨打 95598 供电服务热线进行投诉。

【违规条款】

（1）《国家电网公司供电服务"十项承诺"》第七条规定："客户提出抄表数据异常后，7个工作日内核实并答复。"

（2）《国家电网公司员工服务"十个不准"》第五条规定："不准违反首问负责制，推诿、搪塞、怠慢客户。"

【暴露问题】

（1）抄表员陈某服务意识差，工作态度不端正，抄表质量不高，学习公司规章制度以及国家相关政策不够，是事件发生的直接原因。

（2）复核人员和核算人员工作不认真，在复核、核算工作中未及时发现电量电费异常，从而引发事件的发生，是事件发生的原因之一。

（3）该供电所管理水平不到位，对事件发生后发展可能出现的严重后果估计不足，是事件发生的次要原因。

【措施建议】

（1）组织工作人员认真学习《国家电网公司供电服务"十项承诺"》和《国家电网公司员工服务"十个不准"》。

（2）加强抄表、核算人员的工作责任心，提高为广大用电客户服务的意识，并严格抄表质量考核。

（3）加强工作人员的业务技能培训。

案例二　异常工单不上报　客户私自转供用电

【事件过程】

2011年，某电力公司监控人员通过监控分析，发现某客户属连续3个月"居民大电量"异常用户，另经核实电费核算员未按规定发出异常工单，抄表员也未提出该户用电异常报告。后现场稽查人员核查，发现该客户私自转供了一个小型锯木场用电。

【违规条款】

（1）《供电营业规则》第十四条规定："用户不得自行转供电。"

（2）《国家电网公司电费抄核收工作规范》第十九条规定："发现客户电

量异常、违约用电、窃电嫌疑、表计故障、有信息（卡）无表、有表无信息（卡）等异常情况，做好现场记录，提出异常报告并及时报职责部门处理。"

（3）《国家电网公司电费抄核收工作规范》第二十五条规定："对电量电费复核过程中发现的问题应按规定的程序和流程及时处理，做好详细记录。"

（4）《国家电网公司供电服务规范》第四条规定："熟知本岗位的业务知识和相关技能，岗位操作规范、熟练，具有合格的专业技术水平。"

【暴露问题】

（1）抄表员工作责任心不强，未及时发现用户违约用电的异常现象。

（2）核算人员未审核出该户用电异常并按规定发出异常工单。

【措施建议】

（1）抄表员要严格按《国家电网公司电费抄核收工作规范》开展现场抄表工作，加强对抄表异常的分析、报告和闭环管理。

（2）加强抄表质量管理，定期开展抄表业务稽查，建立差错考核制度。

（3）加强基层单位一线营销服务人员的业务知识培训，提高工作效率效益，防范经营和服务风险。

（4）核算人员应认真对抄表数据进行校核，及时发现突变或分时段数据不平衡等异常情况并按规定发出异常工单。

（5）对该户的私自转供电行为按国家有关法律法规处理到位。

十九、 电费收取的具体内容是什么？

电费收取是指为客户提供 POS 机刷卡、充值卡、网络银行、银行自助终端等多种缴费方式，方便、快捷、安全地收取客户电费，确保电费及时回收。

电费收取服务准则：

（1）渠道多样方便快捷。千方百计拓宽收费渠道，满足客户随时轻松交费的需求。

（2）主动告知，保障安全。完善安全技术手段，提供安全警示等告知服务，保障客户资金安全。

（3）信息畅通，答疑规范。为客户提供电费交易信息查询等服务，耐心细致向客户解答有关电价、收费等方面的咨询和疑问。

➔ 案例一 搭车收费不应该 客户质疑"乱收费"

【事件过程】

某年 3 月之前，供电所职工李某在收取村民照明电费时，执行电价为 0.60 元/kWh，其中电费电价 0.52 元/kWh，使用税务票据；0.08 元/kWh 是代村委会收取的公益事业建设费。村民误认为是电工执行电价错误，从中牟取不正当利益，向当地供电公司进行了投诉。

【违规条款】

（1）《电力供应与使用条例》第二十七条规定："供电企业应当按照国家核准的电价和用电计量装置的记录，向用户计收电费。用户应当按照国家批准的电价，并按照规定的期限、方式或者合同约定的办法，交付电费。"

（2）《国家电网公司供电服务规范》第五条第四款规定："严格执行国家规定的电费电价政策及业务收费标准，严禁利用各种方式和手段变相扩大收费范围或提高收费标准。"

【暴露问题】

（1）电价、收费标准宣传和执行不到位，擅自为村委会代收其他费用，搭车收费造成客户产生误会。

（2）供电所管理存在疏漏，对职工服务行为的监督不力，没有及时发现职工在日常工作中的错误。

【案例点评】

搭车收费是国家明令禁止的违规行为，电费收缴要严格按照由国家制定的政策和标准执行，做到有章可循、有法可依。并积极向客户宣传电价政策。

➔ 案例二 电费充值服务

【事件过程】

某天，一客户在供电营业厅代办营业网点将电卡充值 100 元，因当时表内还有 80kWh，故一直没插卡。7 天后的 21 时，电表提示所剩电量不足，客户插卡时虽显示读卡成功，电量却读不进去，即可拨打 95598 咨询，座席回复客户第二天去供电营业厅处理。第二天客户在供电营业厅内排了半小时队后，被告知只能去找其当时充值的代办营业网点处理。客户随后又拨打了 95598，得到的答复是：如果营业厅解决不了只能去找代办营业网点。第二天上午，客户去代办营业网点得到的结果为，只能去找供电公司。客户第三次拨打 95598，得到回复是，已联系好了供电营业厅帮客户解决此事。客户即刻来到营业厅，但服务人员表示不知道此事，客户非常气愤，拨打 95598 进行投诉。

【违规条款】

（1）《国家电网公司员工服务"十个不准"》第五条规定："不准违反首问负责制，推诿、搪塞、怠慢客户。"

（2）《国家电网公司供电服务规范》第四条第五款规定："熟知本岗位的业务知识和相关技能，岗位操作规范、熟练，具有合格的专业技术水平。"

（3）《国家电网公司员工服务"十个不准"》第四条规定："不准违反业

务办理告知要求，造成客户重复往返。"

【暴露问题】

（1）座席代表和营业厅人员对与业务有关的专业技能不熟悉。

（2）营业厅和 95598 工作人员在处理客户反映问题时，沟通不到位，存在推诿客户的现象。

（3）违反首问负责制，未能在首次接待客户时正确引导客户办理业务以及提供准确的联系人、联系电话和地址。

（4）95598 服务人员和营业厅服务人员交接工作不到位。

【措施建议】

（1）强化 95598 与营业厅服务人员业务培训，加强首问责任意识，加大监督考核力度，严格遵守"三个十条"和供电服务规范，不断提升供电服务规范化水平。

（2）规范 95598 与营业厅服务人员的业务衔接制度，杜绝业务断层，提高客户满意度。

二十、 电费催缴工作的具体内容是什么？

电费回收工作是电费管理抄、核、收三道工序中的最后环节。供电企业对用户收取的电费主要用于支付上网电厂的购电费，是电网经营企业维持正常再生产的重要资金来源，同时也包括应按相关规定向国家缴纳的税金。

用电客户必须按期缴清电费，不得拖延或拒交。客户在供电企业规定的期限内未交清电费时，应承担电费滞纳的违约责任。电费违约金从逾期之日起计算至交纳日止。电费违约金是客户在未能履行供用电双方签订的《供用电合同》，未在供电企业规定的电费缴纳期限内交清电费时，应承担电费滞纳的违约责任，向供电企业交付延期付费的经济补偿费用，又称电费滞纳金。在《供电营业规则》中规定了电费违约金的具体计算方法：

（1）居民客户每日按欠费总额的 1‰计算；

（2）其他客户：当年欠费部分，每日按欠费总额的 2‰计算；跨年度欠费部分，每日按欠费总额的 3‰计算。电费违约金收取总额按日累加计收，总额不足 1 元者按 1 元收取。

电费回收人员充分利用法律所赋予的职权做好电费催收工作，要注意把握回收电费的措施和技巧，千方百计回收电费，主要的措施和技巧如下：

（1）电费回收人员应不厌其烦地上门催费，耐心细致地向客户宣传电费回收政策。

（2）多方位掌握客户的生产动态、资金流向，但注意为客户保密。

（3）想客户所想，帮助客户解决用电的难题，为客户的降损节电出谋划策，合理降低客户用电成本。

（4）利用一切可利用的社会关系、公共关系催缴电费，特别是政府部门关系及其上级主管部门的关系，要积极向地方政府汇报欠费情况，争取主动，避免说情等。

（5）处理好三角债关系，在力所能及的情况下帮助客户要回欠款，利用好法律认可的代位权，主动出击，特别要注意供电公司及三产与欠费企业的商务关系。

（6）对濒临倒闭的企业要防止资产转移，正确运用质押、依法起诉或申请仲裁等法律手段。

（7）采用技术手段催费。对信誉度不高的企业要采取装设预付费电卡表、负荷管理系统等有效技术措施催费。

（8）对长期欠费、信誉度不高及临时用电的企业采取预收电费的办法。

（9）合理利用政策，对欠费用户停止办理一切变更用电手续，不予开具增值税发票。

（10）严格执行电费违约金制度及欠费停限电制度。

（11）对欠费客户的催费时申请司法介入，在发送停电通知书时，同时发送律师意见函。

（12）对长期拖欠电费或屡次拖欠电费被供电公司停电超过两次的用户，可终止供用电合同，解除供用电关系，用户需要恢复供用电关系，按新装用电办理。

➜ 案例一　欠费停电欠周全　高危企业难理解

【事件过程】

2009年6月，某化工企业因违约用电被查处，经用电检查人员计算，需补交违约用电电费36.2万元，用电检查人员对该企业下达了用电检查结果通知书。该化工厂以企业亏损为由，拒缴违约用电电费。用电检查人员准备对该企业采取停电措施，在停电前7天用电检查人员对该企业下达了停电通知书，但用户拒签，于是用电检查人员将停电通知书张贴至厂门口拍照后离开。7天后用电检查人员再次到企业催缴电费未果，对该企业执行了停电措施，停电半小时后该企业以停电引起危险化工气体泄漏为由，将供电公司投诉到县政府。

供电公司获悉后立即向当地政府进行了汇报，并按照政府的要求，采取

"先送电、后解决"的处理原则，立即恢复了该厂供电，确保不发生化工气体泄漏，并与当地政府一道派员前往调查。经查，该企业当天并未生产，也未发生危险气体泄漏，只是不愿被停电，于是打电话至县政府投诉，当日供电公司与政府一道向该企业做了宣传解释工作，说明停电原因，宣传供用电法律、法规，及时化解矛盾，该企业同意交付违约使用电费，事件得以解决。

事件发生后，虽然停电后未发生危险气体泄漏，未造成恶劣的后果，但事件也给供电公司敲响了警钟，同时也损害了供电公司的形象。

【违规条款】

《供电营业规则》第六十七条规定："除因故终止供电外，供电公司需对用户停止供电时，应按下列程序办理停电手续：

（1）应将停电的用户、原因、时间报本单位负责人批准。

（2）在停电前 3～7 天内将停电通知书送达用户，对重要用户的停电，应将停电通知书报送同级电力管理部门。

（3）在停电前 30min，将停电时间再通知用户，方可在通知规定的时间实施停电。"

【暴露问题】

（1）用电检查人员的业务素质低、危机意识差，对停电产生的后果严重性估计不足。

（2）采取停电措施前的准备工作不全面，未按照规定将停电通知书报送同级电力管理部门备案。在用户拒签停电通知书时，只是简单地将停电通知书张贴到厂门口拍照，没有采取第三方公证送达的方式进行。

【案例点评】

对中断供电可能造成较大环境污染的重要电力客户，停电前应充分做好前期准备工作，及时与政府沟通汇报，并将停电通知以书面形式报送同级电力主管部门备案。在用户拒签停电通知时，可采用第三方公证送达方式进行停电通知，避免今后发生不必要的法律纠纷，停电前 30min 仍需将停电时间告知用户，让用户有足够的准备时间，避免发生停电后用户准备不足，造成其他影响。

案例二 欠费停电引发纠纷

【事件过程】

由于历史原因，某居民小区采用总表计量收费，小区居民向物业公司缴纳电费，物业公司按总表向供电公司缴纳电费。一天上午，供电公司抄表员来到该居民小区催收电费，在催收无果的情况下，未按规定履行停电通知手续，即对小区实施停电。停电过程中，居民们反映他们已向物业公司缴纳了电费，应该只对那些没有交费的居民停电。抄表员解释，供电公司只能根据总表计费电量催收电费，坚持进行停电操作，双方随即发生纠纷；停电后，居民不准抄表员离开现场，并向当地媒体投诉，抄表员无奈之下拨打了 110 报警，才得以脱身。

【违规条款】

（1）《供电营业规则》第六十七条规定："在停电前三至七天内，将停电通知送达用户，对重要用户的停电，应将停电通知报送同级电力管理部门；在停电前 30min，将停电时间再通知用户一次，方可在通知规定时间实施停电。"

（2）《国家电网公司员工服务"十个不准"》第一条规定："不准违规停电、无故拖延送电。"

【暴露问题】

（1）供电公司对居民供电服务重视程度不够，在采取停电催费措施之前，未能了解小区居民用电和交费的实际情况，对停电后可能造成的不利影响预估不足。

（2）抄收人员工作制度执行不严格，抄表员停电催费未办理《电费欠费停电通知书》。未提前通知客户，未对客户进行停电公告或通知，客观上造成客户不合理的后果。

（3）工作人员缺乏灵活解决问题的技巧。

【案例点评】

居民总表供电的情况还普遍存在，由于涉及居民、物业公司、政府房产管理、供电公司等多个利益主体，供电问题比较复杂，处理不当极易发生纠纷，造成不良社会影响。此类问题的处理应特别慎重。试想，如果你是这个小区的客户，每月都按时缴纳了电费，却因为别人没有缴纳电费而被停电，你会满意吗？对涉及居民多、影响范围大的欠费停电工作要严格执行国家相关规定，不可随意采取停电措施。要加强与相关部门和单位的协调和沟通，尽早通过实施"一户一表"改造彻底解决类似问题。

二十一、电价的基本概念、制定电价应遵循的原则和依据分别是什么？

电价是电力这个特殊商品在电力企业参加市场经济活动，进行贸易计算中的货币表现形式，是电力商品价格的总称。

1. 电价的基本概念

《电力法》第三十五条规定"本法所称电价，是指电力生产企业的上网电价、电网间的互供电价、电网销售电价"。

2. 制定电价应遵循的原则和依据

《电力法》第三十六条规定"制定电价，应当合理补偿成本，合理确定收益，依法计入税金，坚持公平负担，促进电力建设"。

《电力法》第三十五条规定"电价实行统一政策，统一定价原则，分级管理"。

《电力法》第四十一条规定"国家实行分类电价和分时电价。分类标准和分时办法由国务院确定。对同一电网内的同一电压等级、同一用电类别的用户，执行相同的电价标准"。

《电力法》第四十四条规定"禁止任何单位和个人在电费中加收其他费用；但是，法律、行政法规另有规定的，按照规定执行。地方集资办电在电费中加收费用的，由省、自治区、直辖市人民政府依照国务院有关规定制定办法。禁止供电企业在收取电费时，代收其他费用"。

3. 电价的分类

按主产流通环节，现行电价分为上网电价、网间互供电价和销售电价。

（1）上网电价。

上网电价是指独立核算的发电企业向电网经营企业提供上网电量时与电网经营企业之间的结算价格。上网电价是实行同网同质电价，即要按照电能质量分等定价，优质优价，次质次价，同质同价。根据电压等级、频率稳定、出力稳定情况、调峰能力、供电可靠性等重要因素综合评价。改革目标：发电企业实行竞价上网，参与竞争的发电机组主要实行两部制上网电价。其中，容量电价由政府价格主管部门制定，电量电价由市场竞争形成。不参与竞价上网的发电机组，上网电价仍由政府价格主管部门核定。

《电力法》第三十八条规定"跨省、自治区、直辖市电网和省级电网内的上网电价，由电力生产企业和电网经营企业协商提出方案，报国务院物价行政主管部门核准。独立电网内的上网电价，由电力生产企业和电网经营企业协商提出方案，报有管理权的物价行政主管部门核准。地方投资的电力生产企业所生产的电力，属于在省内各地区形成独立电网的或者自发自用的，其电价可以由省、自治区、直辖市人民政府管理"。

（2）网间互供电价。

网间互供电价是指电网与电网间通过联络线相互提供电力、电量的结算价格。售电方和购电方为两个不同核算单位的电网，包括跨省、自治区、直辖市电网和独立电网之间，省级电网和独立电网之，独立电网与独立电网之间。

《电力法》第三十九条规定"跨省、自治区、直辖市电网和独立电网之间、省级电网和独立电网之间的互供电价，由双方协商提出方案，报国务院物价行政主管部门或者其授权的部门核准。独立电网与独立电网之间的互供电价，由双方协商提出方案，报有管理权的物价行政主管部门核准"。

（3）销售电价。

销售电价是指电力经营者向电力使用者供给、销售电力的结算价格，是电价的最终环节。现行销售电价是根据综合成本，按照不同用电性质进行个别成本分摊形成的。

《电力法》第四十条规定"跨省、自治区、直辖市电网和省级电网的销售电价，由电网经营企业提出方案，报国务院物价行政主管部门或者其授权的部门核准。独立电网的销售电价，由电网经营企业提出方案，报有管理权的物价行政主管部门核准"。

现行销售电价分类体系是根据《国家发展改革委关于调整销售电价分类结构有关的通知》（发改价格〔2013〕973 号）进行电价分类的。

4. 具体案例

➡ **案例一　公告渠道未规范　调价信息漏更新**

【事件过程】

某年 4 月，居民调价政策得到了国家发展改革委员会批复，将于 6 月 1 日起开始实施。某地供电公司对该政策执行的前期工作做了充分准备，并通知相关人员将调整后的电价表于 6 月 15 日前完成所有营业厅的上墙公告及 95598（12398）的网站公告工作。7 月 15 日，陈女士拿着当月电费通知单来到营业厅质问客户代表："前两天抄表员抄表时我咨询居民电价，抄表员说居民电价有调整，但他也记不清是多少，让我查看社区公告栏的电价表，公告栏中的电价表明明写着居民电价为 0.4 元/kWh，为什么今天我收到的电费通知单却是 0.5 元/kWh，你们是不是乱收费，这个月的电费我不缴了……"客户代表对陈女士反映的情况进行了核实，发现陈女士家的社区公告栏中粘贴的电价表还未更新，造成其误会，客户代表耐心地向陈女士解释，得到了陈女士的谅解。在客户代表将此信息及时上报后，该社区的电价表进行了更新。

【违规条款】

《供电公司信息公开实施办法（试行）》（国家电网营销〔2010〕315 号）第六条第三款规定："供电公司向各类用户计收电费时执行的电价标准及供电公司向用户提供的有偿服务时的收费的项目、标准和依据等，如有变化需自发生变化之日起 20 个工作日内更新。"

【暴露问题】

（1） 供电公司对执行居民电价调整政策的前期工作做了准备，虽然及时对供电营业厅、95598（12398）网站的电价表进行了更新，但疏漏了对其他渠道曾公告过的电价表的更新。

（2） 缺少信息公开流程监督环节。

【措施建议】

（1） 规范信息公开的渠道，明确日常维护的责任人。

（2） 制定信息公开流程监督体系。

【案例点评】

电价调整工作涉及千家万户，事先进行精心的筹备和策划是必不可少的。本案例中，供电公司对这项工作进行了事前周密安排是值得赞许的，但管理中还是疏忽了"社区公告栏电价表更换"这个环节。所幸，工作人员事后进行了耐心的解释说明工作，最终获得了客户的理解。从这件事上供电公司应该更加清醒地认识到，今后如遇有重大服务调整事项，周密、细致做好事前策划和风险防控是必不可少的，只有这样才能保证各项服务工作在关键时刻能平稳过渡。

案例二 擅自移表

【事件过程】

因道路准备改造拆迁，某文具店将搬到由另一线路供电的街道。5月18日，客户申请把电表迁移到新址。营业员受理客户的移表申请，5月30日，客户询问为何没移表，营业厅工作人员称施工单位太忙，并答应客户尽快安排。两周后客户带着自行拆下来的电表，找到供电公司请求安装到新用电地址，营业厅在收取了200元的装表费后，将电表移到了新址。

【违规条款】

（1）《国家电网公司供电服务规范》第四条第五款规定："营业人员应熟知本岗位的业务知识和相关技能，岗位操作规范、熟练，具有合格的专业技术水平。"

（2）《供电营业规则》第二十七条规定："在用电地址、用电容量、用电类别、供电点等不变情况下，可办理移表手续。"

（3）《供电营业规则》第二十六条规定："原址按终止用电办理，供电企业予以销户，新址用电优先受理；迁移后的新址不在原供电点供电的，新址用电按新装用电办理。"

（4）《供电营业规则》第一百条第四款规定："私自迁移、更动和擅自操作供电企业的用电计量装置者，属于其他用户的，应承担每次 5000 元的违约使用电费。"

（5）《国家电网公司供电服务规范》第五条第四款规定："严格执行国家规定的电费电价政策及业务收费标准。"

【暴露问题】

（1）该户不具备办理移表手续的条件（改变了用电地址和供电点），不能办理。原址应按销户办理，新址应按新装办理。

（2）供电公司应要求客户承担私自拆除电表的违约责任。

（3）办理移表业务的供电方案答案时间超时限。

（4）供电公司在营业窗口代收安装费不符合规定。

【措施建议】

（1）强化规章制度的落实，保证工作人员工作按规章制度办事，加大监督考核力度，严格遵守供电服务规范，不断提升供电服务规范化水平。

（2）加大对工作人员的业务培训，提升专业技术水平和岗位技能。

（3）全面建立优质服务保障机制。以满足客户需要为供电服务的出发点，围绕客户需求，供电服务一线人员要规范行为，杜绝各类不良服务事件的发生。

二十二、 我国现行的电价计价方式有哪些?

我国现行的电价计价方式有单一制电价、两部制电价、丰枯峰谷电价、功率因数调整电价、代征收费用。

1. 单一制电价

单一制电价，只按用电户用电量千瓦时数计价。适用于居民生活用电、非居民照明用电、商业用电、非工业和普通工业用电、农业生产用电、农排用电。

2. 两部制电价

两部制电价，将用电户的电价分为两部分，即基本电价和电度电价。

（1）基本电价。

基本电价对应于电力成本中的固定成本。这一部分与用户用电设备的容量或最大需量有关，以客户接入系统的用电容量或需量计算的基本电价，与耗用的电量无关。也就是说在计算基本电费时，不论用户当月用不用电，多用或少用电，均按上述客户接入系统的用电容量或需量计收。

基本电费的计算方法：

1）按变压器容量计收基本电费。

正常用电时基本电费=变压器（含高压电动机）容量×

按容量计费的基本电价

《供电营业规则》第八十四条规定"基本电费以月计算，但新装、增容、变更与终止用电当月的基本电费，可按实用天数（日用电不足 24h 的，按一天计算）每日按全月基本电费三十分之一计算。事故停电、检修停电、计划限电不扣减基本电费"。

《供电营业规则》第八十五条规定"以变压器容量计算基本电费的用户，其备用的变压器（含高压电动机），属冷备用状态并经供电企业加封的，不收基本电费；属热备用状态的或未经加封的，不论使用与否都计收基本电费。用户专门为调整用电功率因数的设备，如电容器、调相机等，不计收基本电费。在受电装置一次侧装有连锁装置互为备用的变压器（含高压电动机），按可能同时使用的变压器（含高压电动机）容量之和的最大值计算其基本电费"。

2）按最大需量计收基本电费。

当最大需量值没有超过需量核定值的 105% 时，基本电费计算公式为：

$$基本电费=核定需量×按需量计费的基本电价$$

当最大需量值超过需量核定值的 105% 时，基本电费计算公式为：

$$基本电费=核定需量×按需量计费的基本电价+（最大需量–核定需量×$$
$$105\%）×2×按需量计费的基本电价$$

3）按实际最大需量计收。

$$基本电费=抄见的实际最大需量×按需量计费的基本电价$$

（2）电度电价。

电度电价对应于电量成本（或称为变动成本），在计算电度电费时，以用电户实际使用的电量为准，与装接设备的容量大小无关。

目前只对变压器容量在 315kVA 及以上的工业用电执行两部制电价。

3. 丰枯峰谷电价

丰枯峰谷电价，是对电价实行浮动管理，即丰水期电价低一些，枯水期电价高一些，用电高峰期电价高一些，用电低谷期电价低一些。目的是为鼓励开发有调节能力电站、引导用电客户避峰填谷、促进电力资源有效利用，缓解电力供需矛盾，提高社会经济效益。

以四川省为例：四川从 1999 年 1 月 1 日起对属于丰枯峰谷电价范围的用户实行丰枯、峰谷浮动。2016 年以前执行的丰枯峰谷电价政策依据是国家发改委发改办价格〔2010〕300 号文。2018 年 1 月 1 日起，销售侧丰枯电价调整为枯水期电价上浮 5%，丰水期电价下浮 5%，峰谷分时电价继续按高峰时段在丰枯浮动基础上上浮 50%，低谷时段在丰枯浮动基础上下浮 50%。

四川将全年 12 个月分为丰水期（6 月～10 月）、平水期（5 月和 11 月）、枯水期（12 月、1 月～4 月）。按日负荷规律，将每天 24 小时分为峰、平、谷三个用电时段。高峰时段是 7 时～11 时和 19 时～23 时，平段是 11 时～19 时，低谷时段是 23 时～次日 7 时。

目前，销售侧执行丰枯峰谷电价；上网侧水电执行丰枯电价，火电执行全年单一价。

4. 功率因数调整电价

功率因数一般称为力率，用 $\cos\varphi$ 表示。功率因数是指客户在一定的视在功率和一定的电压及电流情况下用电，有功功率占视在功率的比例。功率因数越高，其有功功率就越高。

实行功率因数调整电费办法的目的是用户用电功率因数的高低，对发、供、用电设备的充分利用，节约电能和改善电压质量有着重要影响。提高和稳定用电功率因数，能提高电压质量，减少供、配电网的电能损失，提高电气设备的利用率。因此，国家价格主管部门制订《功率因数调整电费办法》来考核客户的功率因数，对功率因数达到国家规定标准的用户给予奖励电费，相反，给予惩罚，促使客户主动提高功率因数并保持稳定。

考核用户的功率因数为功率因数的加权平均值，又称月加权平均功率因数。其值可由有功电能表及无功电能表的月积累数字计算求得。用电负荷的功率因数一般是随着负荷性质的变化及电压的波动而变动，应按照我国现行的《功率因数调整电费办法》对用电企业功率因数的规定执行。

5. 代征收费用

国家重大水利建设基金、农网还贷基金、可再生能源电价附加基金、大中型水库移民后期扶持基、城市公用事业附加基金。

6. 具体案例

→ **案例一 基建施工案例**

【事件经过】

某矿业开采客户于 2009 年 4 月 15 日报装，基建施工用电期间报装容量为（2×200+100）kVA，供电部门经现场勘察，确定供电方式为高供高计，电价执行大工业，功率因数标准执行 0.9。2010 年 5 月 10 日，该客户生产线建成，申请拆除临时用电变压器，新装增容（630+800+200+50）kVA，其中，50kVA 变压器为所用变压器，单独装表计量，执行大工业电价。2011 年 12 月 8 日，因生产状况不佳，申请永久性减容容量，只保留 200kVA 变压器继续使用，供电部门予以受理，减容后电价仍按大工业电价执行。12 月基本电费计费值过高，引起客户不满，拒交当月电费。

【工作差错】

（1）基建施工用电，不应执行执行大工业电价，也不应执行功率因数调整。

（2）客户正式用电 50kVA 所用变压器单独装表计量，不应执行大工业电价。

（3）用户申请永久性减容后不应继续执行大工业电价。

【违规条款】

（1）《电力供应与使用条例》第二十七条规定："供电企业应当按照国家核准的电价和用电计量装置的记录，向用户计收电费。"

（2）1638 号文规定："客户所用变压器执行普通工业电价。容量在 100kVA 及以上的，应执行力调办法，若有照明用电的，照明与电力应分别装表计量计费，照明用电执行其他照明电价。当所用变压器不装表且在总表内时，可对所用变压器执行大工业电价。"

（3）《供电营业规则》第二十三条规定："减容必须是整台或整组变压器的停止或更换小容量变压器用电。供电企业在受理之日后，根据用户申请减容的日期对设备进行加封。从加封之日起，按原计费方式减收其相应容量的基本电费。但用户申明为永久性减容的或从加封之日起期满两年又不办理恢复用电手续的，其减容后的容量已达不到实施两部制电价规定容量标准时，应改为单一制电价计费。"

【暴露问题】

（1）电价政策执行不到位。

（2）电费核算工作质量不高，核算员未能及时发现基本电费计收异常。

（3）工作人员营销基础知识欠缺，对相关规定不能理解并熟练掌握。

【措施建议】

（1）按照规定和正确的计算方法对客户电费进行退补。

（2）深入开展营销人员电价政策培训，提高业务技能。

（3）完善审核监督考核机制，提高工作质量。

（4）强化员工业务知识培训，提升职业素养。

案例二　客户私自增容事件

【事件过程】

营销稽查人员根据稽查监控系统发现某企业客户用电容量异常。经现场调查核实，发现该客户的法定代表人以负荷较大、线路老化为由，请供电公司计量人员邓某私下对计量装置进行改造并加封，为表示感谢，该法定代表人请邓某在酒店吃饭，并赠送两条香烟。后该法定代表人又在供电公司毫不知情的情况下，请社会电工将原有 315kVA 变压器更换为 630kVA 变压器。

【违规条款】

（1）《供电营业规则》第十六条规定："任何单位或个人需新装用电或增加用电容量、变更用电都必须按本规则规定，事先到供电企业用电营业场所提出申请，办理手续。"

（2）《国家电网公司员工服务"十个不准"》第九条规定："不准接受客户的吃请和收受客户的礼品、礼金、有价证券等。"

【暴露问题】

（1）营销管理不到位。

（2） 供电公司员工规章制度执行不到位。

【措施建议】

（1） 加强对公司员工的职业道德教育，防止发生损害企业形象和利益的行为。

（2） 加大用电检查力度。

（3） 对供电公司计量人员邓某按企业有关制度的规定进行处理。

（4） 对违约用电的客户，应按以下规定进行处理，防止其损害国家和企业利益：

《供电营业规则》第一百条第二款："私自超过合同约定的容量用电的，除应拆除私增容设备外，属于两部制电价的用户，应补交私增设备容量使用月数的基本电费，并承担三倍私增容量基本电费的违约使用电费；如用户要求继续使用者，按新装增容办理手续。"

《供电营业规则》第一百条第五款："私自迁移、更动和擅自操作供电企业的用电计量装置、电力负荷管理装置、供电设施以及约定由供电企业调度的用户受电设备者，属于居民用户的，应承担每次 500 元的违约使用电费；属于其他用户的，应承担每次 5000 元的违约使用电费。"

二十三、 用电检查的具体内容是什么?

用电检查是供电企业为了维护供用电公共安全,依法对客户电力使用情况和用电行为进行检查的活动。用电检查工作贯穿于为电力客户服务的全过程,可以说从某一客户申请用电开始就有其职责,直到客户销户到终止供电为止,为保证电力系统安全可靠和连续运行,对用户运行维护的电气设备和用电行为等进行有效的监督、检查是十分必要的。因此,应将用户的电气设备和用电行为纳入统一管理、维护和定期预检的范畴。

用电检查工作既是对客户的服务工作,同时也担负着维护供电企业合法权益的任务。其性质是国家通过立法的形式,授予供电企业行使的具有执法性质的权力。这项工作必须以事实为依据,以国家有关电力供应与使用的法规、方针、政策,以及国家和电力行业的标准为准则,对客户的电力使用进行检查。

1. 用电检查工作程序

(1) 供电企业用电检查人员实施现场检查时,用电检查员的人数不得少于两人。

(2) 执行用电检查任务前,用电检查人员应按规定填写《用电检查工作单》,经审核批准后,方能赴用户执行查电任务,查电工作终结后,用电检查人员应将《用电检查工作单》交回存档。

(3) 用电检查人员在执行查电任务时,应向被检查的用户出示《用电检查证》,用户不得拒绝检查,并应派员随同配合检查;在没有用户人员随同配合时,用电检查人员不得单方进入配电室进行检查工作。

(4) 经现场检查确认用户的设备状况、电工作业行为、运行管理等方面有不符合安全规定的,用电检查人员应开具《用电检查结果通知书》一式两份，由用户代表签字后，一份送达用户，另一份存档备查。

（5）用电检查人员应加强对用户电气设备的巡视、监督、检查，对不符合安全运行要求和违规的用电行为，必须以下达《安全隐患整改通知书》的形式，及时通知用户并督促其整改。其次，可通过友好协商，采取有偿代维护方式解决，防止类似问题的再度发生。

（6）现场检查确认用户在电力使用上有明显违反国家有关规定的违约用电行为的，用电检查人员应现场予以制止，并现场开具《客户违约用电通知书》一式两份，由用户代表签字后，一份送达用户，另一份存档备查。

（7）现场检查确认有窃电行为的，用电检查人员应当场制止其侵害行为，并现场开具《客户窃电通知书》一式两份，由用户代表签字后，一份送达用户，另一份存档备查，根据现场实际情况决定采取中止供电的措施。

（8）用电检查人员现场检查确认用户有窃电、违约用电行为的，应依法收集相关证据。

2. 具体案例

➥ 案例一　查电行为分析

【事件经过】

某供电公司用电检查员贾某，星期天与两名同学在饭店就餐。席间，发现该饭店电表计量箱箱门被打开，表盘玻璃松动，有明显撬痕。就餐结束后，贾某在吧台出示了用电检查证，指出私启电表箱属于窃电行为，当场对该饭店终止了供电，让该饭店听候处理。

【违规条款】

（1）《用电检查管理办法》第十六条规定："供电公司用电检查人员实施现场检查时，用电检查人员的人数不得少于两人。"

（2）《用电检查管理办法》第十七条规定："执行用电检查任务前，用电检查人员应按规定填写《用电检查工作单》，经审核批准后，方能赴用户执行查电任务。"

（3）《用电检查管理办法》第十九条规定："经现场检查确认用户的设备

状况、电工作业行为、运行管理等方面有不符合安全管理规定的,或者在电力使用上有明显违反国家规定的,用电检查人员应开具《用电检查结果通知书》或《违章用电、窃电通知书》一式两份,一份送达用户并由用户代表签收,一份存档备案。"

【暴露问题】

(1) 按规定,用电检查时用电检查人员不得少于两人,贾某虽然有另外两名同学作陪,但不属用电检查人员。

(2) 该次检查未经批准。

(3) 现场缺少必要的取证工作和出具《用电检查结果通知书》或《违章用电、窃电通知书》。

【措施建议】

(1) 加强用电检查人员业务培训。

(2) 到客户现场检查工作,要严格执行《用电检查管理办法》中检查程序要求。

➤ 案例二　现场检查服务

【事件过程】

某日,用电检查人员刘某和张某,来到了某纺织厂进行用电检查,在电工陪同下进入该厂配电房,发现用电设备存有安全隐患。于是对电工说:"通知你们领导,由于用电设备存在安全隐患,需要更换设备,交 4500 元,我们安排人帮你处理,否则为避免出现安全事故三天后将实施停电。"该厂未予理睬,三天后该厂果真被停电。

【违规条款】

(1)《国家电网公司供电服务规范》第二十一条第三款规定:"用电检查人员依法到客户用电现场执行用电检查任务时,必须按照《用电检查管理办法》规定,主动向被检查客户出示《用电检查证》。"

(2)《用电检查管理办法》第四章第十九条规定:"经现场检查确认用户的设备状况,电工作业行为,运行管理等方面有不符合安全规定的,用电检查人员应开具《用电检查结果通知书》或《违章用电、窃电通知书》，一份送达用户并由用户代表签收，一份存档备案。"

（3）《国家电网公司员工服务"十个不准"》第三条规定："不准为客户指定设计、施工、供货单位。"

（4）《国家电网公司员工服务"十个不准"》第十条规定："不准利用岗位与工作之便谋取不正当利益。"

（5）《供电营业规则》第六十七条规定："应将停电的用户、原因、时间报本单位负责人批准，在停电前三至七天内，将停电通知书送达用户，在停电前 30min，将停电时间再通知用户一次，方可在通知规定时间实施停电。"

【暴露问题】

（1）服务意识不强，服务制度执行不严。

（2）工作制度执行不严。

【措施建议】

（1）全面建立优质服务保障机制。以满足客户需要为供电服务的出发点，围绕客户需求，供电服务一线人员要规范行为，杜绝各类不良服务事件的发生。

（2）强化规章制度的落实，保证工作人员工作按规章制度办事，加大监督考核力度，严格遵守供电服务规范，不断提升供电服务规范化水平。

二十四、 违约用电和窃电的具体内容是什么？

1. 违约用电

违约用电是指危害供电、用电安全，扰乱正常供电、用电秩序的行为。违约用电的行为包括：

（1）擅自改变用电类别，即在原报装核定电价低的供电线路上，擅自接用电价高的用电设备或私自改变用电类别的；

（2）擅自超过供用电双方合同约定的用电设备容量用电的；

（3）在电力负荷供应能力不足的情况，擅自超过政府下达的用电计划分配指标用电的，或者在电网负荷高峰段内不执行政府批准的错峰、避峰方案仍继续用电的；

（4）擅自使用已经在供电企业办理暂停或临时减容手续的电力设备，或擅自启用已经被供电企业封存的电力设备的；

（5）擅自迁移、更动和擅自操作供电企业的用电计量装置、电力负荷控制装置、供电设施以及约定由供电企业调度的客户受电设备的；

（6）未经供电企业许可，擅自引入、供出电源或者将自备电源擅自并网的。

2. 窃电

窃电是指公民、机关、团体、企事业单位和其他社会组织以不交或少交电费为目的，采用秘密或其他手段非法占有电能的行为。窃电的行为包括：

（1）在供电企业的供电设施或者其他用户的用电设施上擅自接线用电；

（2）绕越法定的用电计量装置用电；

（3）伪造或者开启法定的或者授权的计量检定机构加封的用电计量装

置封印用电；

（4）故意损坏法定的用电计量装置用电；

（5）故意使法定的用电计量装置计量不准或者失效用电；

（6）使用特制的装置窃电；

（7）采用专用装置为他人窃电；

（8）采用其他方法窃电。

现场检查有确凿证据证实有窃电行为的，用电检查人员有权制止，应当场对用户相关人员制作现场询问笔录，依法收集和保存相关证据，并向用户发出《用电检查结果通知书》《窃电通知书》，并根据现场实际情况决定是否立即采取中止供电的措施。

3. 确定窃电量的方法

（1）《供电营业规则》规定如下：

① 在供电企业的供电设施上，擅自接线用电的，所窃电量按照私接设备的额定容量（kVA 视同 kW）乘以实际窃用的时间计算确定；② 以其他方式窃电的，所窃电量按计费电能表标定电流值（对装有限流器的，按限流器整定电流值）所指的容量（kVA 视同 kW）乘以实际窃用的时间计算确定；③ 窃电时间无法查明的，窃电日数至少以 180 天计算，照明用户每天按照 6h 计算，电力用户每天按照 12h 计算。

（2）其他。

① 在供电企业的供电设施上，擅自接线用电的，所窃电量按照私接设备的额定容量（kVA 视同 kW）乘以实际窃用的时间计算确定；② 以其他方式窃电的，按计费电能表标定的最大额定电流值（对装有限流器的，按限流器整定电流值）所指的容量（kVA 视同 kW）乘以实际窃电时间计算确定；③ 以有关部门提供的合法书证材料记载的电量确定。④ 窃电时间或窃电容量无法查明的，依据川高法〔2000〕218 号文，可参照下列几种方式确定窃电量。

第一种方式：按照同属性、同行业单位正常用电的单位产品耗电量或者同类产品平均用电的单耗乘以窃电者的产品产量，加上其他辅助用电量，再减去用电计量装置的抄见电量计算确定；

第二种方式：按照窃电后用电计量装置的抄见电量与窃电前正常的月平均用电量的差额，并根据实际用电变化确定；

第三种方式：在总表上窃电、按分表电量及正常损耗之和与总表抄见电量的差额计算；

第四种方式：因窃电致使电能计量装置损坏或无法查清铭牌容量的用电设备的，按照现场实际所测负荷乘以实际窃电时间计算。

4. 计算窃电量应注意的问题

（1）"实际使用时间"包含两层意思：一是指窃电总的时段，即"几年""几月""几天"；二是指每天窃电的小时数，如三班制生产的企业，每天应按 24h 计算；属营业用电的，应按其每天实际的营业小时数计算。对于违约用电行为之一的混价用电，其混价用电时间也是同一确定原则。

（2）法规、规章在窃电量确定计算中所提及的"标定电流值"是指计量装置铭牌标注的额定电流，如铭牌标注为 3×10（40）A 的电能表，在确定计算窃电量时其标定电流值就应取 10A。

（3）采用《供电营业规则》方法确定窃电量时，应减掉已交费结算的电量。

（4）以上讲述了窃电量确定和计算的方法，在实际查处窃电的工作中，用电检查人员应根据用户的实际情况和处理途径予以灵活、准确地掌握：

1）能够通过调查工作查清窃电容量和实际窃电时间的，按照查清的容量和时间计算，并有通过调查收集到的相关证据予以证明，这是处理窃电案件，追收电量、电费或移交司法处理的首选计算方法。

2）对于窃电时间确实无法查明的工业生产等可统计用电单耗的用户，按照单位产品耗电量或者同属性、同行业单位产品平均用电单耗乘以窃电户的产品产量的计算方式是比较客观、公正的，司法实践中也予以采信。

3）对于窃电时间确实无法查明的其他用户，一是按照窃电后用电计量装置的抄见电量与窃电前正常的月平均用电量的差额进行计算；二是按分表电量及正常损耗之和与总表抄见电量的差额进行计算。

4）根据《供电营业规则》第一百零三条第 2 款关于窃电时间确定的原则推定计算出的窃电量，根据目前实际司法判例中，法庭调查时一般不予采信，因此该条款在处理重大、复杂的窃电案件或启动进入司法程序时一般不宜采用，只有当以上三种确定方式都无法实施时才予以采用。

5. 具体案例

➡ 案例一　客户窃电事件

【事件过程】

某月 14 日，某电力公司营销稽查人员在抽查城区客户计量改造质量时，发现城区供电公司装表接电人员李某帮助某网吧老板（系李某的朋友）实施了窃电行为。经公安局调查，该用户窃电计电费 31970 元（已经全部收回）。在整个过程中，李某虽未收取老板的任何现金和礼品等财物，但在该网吧存在上网、消费不出钱的事实。

【违规条款】

《国家电网公司员工服务行为"十个不准"》规定："不准利用岗位与工作之便谋取不正当利益。"

【暴露问题】

（1）少数职工法律意识淡薄，不注重自身道德品质修养，自我约束能力差，对企业极度不忠诚，经不起金钱的诱惑，丧失理智和基本职业道德，心存侥幸，以身试法。

（2）相关管理制度不完善，制度执行不严。部分工作人员不按规章制度执行，办事凭经验，讲义气情面。

（3）电力公司对员工监督、教育与警示力度不够，发生内外勾结帮客户窃电。

【措施建议】

（1）《中华人民共和国电力法》第七十一条："盗窃电能的，由电力管理部门责令停止违法行为，追缴电费并处应交电费五倍以下的罚款；构成犯罪的，依照刑法第一百五十一条或者第一百五十二条的规定追究刑事责任。"

（2）《中华人民共和国电力法》第七十三条："电力管理部门的工作人员滥用职权、玩忽职守、徇私舞弊，构成犯罪的，依法追究刑事责任；尚不构成犯罪的，依法给予行政处分。"

（3）加强宣传、教育，构筑强大自律防范体系。以本次事件为警戒，深入开展学习、宣传活动，充分发挥"亲情教育"的特殊警示作用，将防范工作扩展、前移到员工家属，加强对员工 8h 之外不良行为的动态分析与管理，加强思想政治工作，提高员工忠诚度，树立正确荣辱观。

（4）对于员工利用岗位与工作谋取不正当利益的行为进行严厉打击，对存在的管理漏洞和薄弱环节进行全面清理，并认真整改，组织员工认真学习营销业务规章制度，规范营销服务行为，杜绝类似的事件再次发生。

（5）建立完善相应的内控制度，定期对本单位贯彻实施"三个十条"的情况进行自查，严格监督和考核。

（6）加强职业道德教育培训，严肃纪律，严格管理，不断提高员工队伍思想素质和工作责任心。

（7）认真履行营销稽查的监督职能，加强对营销规章制度执行情况的检查，强化对营销违规行为的责任追究。

➔ 案例二 数据清零窃电事件

【事件过程】

2006 年 3 月 20 日，某厂装表送电，该厂老板结识了某电力公司计量外勤班员工刘某并给了刘某 3 万元现金，要求其在电能表上做点"节电"手脚。2006 年 4 月 8 日，刘某从计量班内勤员手中拿到智能电表编程器后，将该厂计量电能表的电量、负荷曲线等参数一并清零，共清除表计电量 50.022 万 kWh，计金额 20 多万元。此事件被电力营销稽查人员发现，随即报请公安机关立案查处了这起窃电案。

【违规条款】

（1）《国家电网公司员工服务行为"十个不准"》规定："不准利用岗位与工作之便谋取不正当利益。"

（2）DL/T 448—2016《电能计量装置技术管理规程》8.6条规定："电能计量技术机构应制订多功能电能表编程器及密码的管理制度，并严格执行。应有防止失密、丢失或遗忘的安全保存措施。"

【暴露问题】

（1）计量中心对电能表编程器等特殊计量管理器具的管理不严，没有根据其重要性制定专门管理制度。原计量所内勤人员擅自将电能表编程器借出并泄露密码，说明相关管理制度不完善，制度执行不严。

（2）少数职工法律意识淡薄，不注重自身道德品质修养，自我约束能力差。对企业极度不忠诚，经不起金钱的诱惑，丧失理智和基本职业道德，心存侥幸，以身试法。

【措施建议】

（1）《中华人民共和国电力法》第七十一条："盗窃电能的，由电力管理部门责令停止违法行为，追缴电费并处应交电费五倍以下的罚款；构成犯罪的，依照刑法第一百五十一条或者第一百五十二条的规定追究刑事责任。"

（2）《中华人民共和国电力法》第七十三条："电力管理部门的工作人员滥用职权、玩忽职守、徇私舞弊，构成犯罪的，依法追究刑事责任；尚不构成犯罪的，依法给予行政处分。"

（3）加以本次事件为警戒，深入开展学习、宣传活动，加强对员工 8h 之外不良行为的动态分析与管理，加强思想政治工作，提高员工忠诚度，树立正确荣辱观。

（4）加强智能电表编程器及其密码管理。编程器应专人保管，领用时登记，用完后及时返还，不得将使用方法及密码外泄。保管人员更换时应办理交接手续。对存在的管理漏洞和薄弱环节进行全面清理，并认真整改。

（5）完善相应的内控制度，举一反三，积极开展自查自纠。组织力量对大中用户计量装置进行一次全面清查，检查、核对峰谷时段设置、电表常数、清零记录、失压记录等重要参数，杜绝类似的事件再次发生。

（6）加强职业道德教育培训，严肃纪律，严格管理，不断提高员工队伍思想素质和工作责任心。

（7）认真履行营销稽查的监督职能，加强对营销规章制度执行情况的检查，强化对营销违规行为的责任追究。

二十五、 故障抢修服务的具体内容是什么？

故障抢修服务是指全天 24h 为客户提供电力设施故障紧急修理服务，快速恢复正常供电。

1. 故障抢修服务准则

（1）快速到场，恢复供电。准确核对故障地点、故障现象描述，提前做好故障预判。承诺时限内以最快的速度到达故障现场，全力以赴排除故障，最短时间内恢复供电，短时间内不能恢复送电的，要尽可能通过发电车、临时转电等措施保证居民和客户的用电。

（2）备品备件合格齐全。合理配备抢修常用备品、备件，实行台账管理。备品备件经试验合格并注明有效期限。

（3）抢修资源调度有序。合理配置抢修值班人员、车辆，保障抢修信息传递通畅，根据故障地点、影响范围、紧急程度有序调配人员、车辆。

（4）处理信息及时反馈。抢修人员到达现场后应主动向 95598 报修到达现场时间、故障原因及预计恢复供电时间，工作完成后及时向 95598 反馈处理信息。

2. 具体案例

➡ **案例一　抢修服务不规范　电表轮换出差错**

【事件过程】

某年 1 月 7 日和 11 日，投诉人通过支付宝对家中表计进行充值，2 次支付宝充值均未成功下发至电表，导致客户认为抄表数据异常。

1 月 11 日 23 时 10 分，投诉人侄儿报修"202 号"单户无电。抢修人员电话联系客户，核实实际报修地址是 203 号，初判定为欠费停电，就告知客户需充值缴费。23 时 23 分，投诉人听说家中停电，拨打 95598 反映"203号"表计故障引发停电。抢修人员邹某电话联系投诉人，得知报修地址与前期投诉人侄儿报修地址相同，就认为是一家人重复报修，未再次向投诉人详细解释停电原因。同时，对投诉人提出计量装置异议事宜，抢修人员告知其可在第二天到供电营业厅办理表计校验业务。沟通过程中，投诉人认为抢修人员的未解释清楚、沟通不耐烦，更认为抢修人员不会到现场处理停电问题，便于 23 时 33 拨打 95598 投诉。

1 月 12 日 00 时 25 分，投诉人侄儿因支付宝充值 100 元未成功下发至电表，未恢复供电，便再次报修。抢修人员于 00 时 40 分到达现场，检查发现投诉人家中用电实际接在 202 号电表上用电，判定为投诉人 203 号与邻居202 号表后线路接反所致。

【违规条款】

（1）《国家电网公司供电服务规范》第四条第二款规定："真心实意为客户着想，尽量满足客户的合理要求。对客户的咨询、投诉等不推诿，不拒绝，不搪塞，及时、耐心、准确地给予解答。"

（2）《国家电网公司员工服务"十个不准"》第五条规定："不准违反首问负责制，推诿、搪塞、怠慢客户。"

（3）《国网营销部关于进一步强化电能表装接防串户和客户申校服务措施的通知》第一条第二款规定："换表后要逐户送达或张贴'换表告知书'，提醒客户检查是否串户。"

【暴露问题】

（1）抢修人员工作责任心不强、服务意识淡薄和沟通技巧欠缺，在客户再次报修时存在缺乏自我情绪管控能力、语气生硬、沟通不耐烦的情况，给客户带来不良感知。

（2）抄表人员在责任心有待进一步提升，未严格按照规范对远程抄表客户异常电量进行有效监控和检查。

（3）电费核算人员工作存在疏漏，客户表计接反未及时发现电量异常，也未及时安排人员到现场进行复核。

（4）供电公司在供电服务工作方面存在管控不到位，管控机制不健全，对日常抄核收管理、施工现场规范缺乏过程监督和闭环管理，埋下服务隐患，导致客户投诉。

【措施建议】

（1）加强抢修人员的工作责任心和危机意识感，提升服务行为、服务质量、沟通技巧，同时加强对服务风险预判和应急处置的能力，进一步提升供电服务水平和客户满意度。

（2）加强对智能电表换装施工队伍的管理工作及换装现场质量监督工作，提高现场人员的责任意识和服务意识，尤其针对换表后要逐户送达"换表告知书"，及时提醒客户检查是否存在串户现象。

（3）加强服务过程的管控力度，健全服务管控机制和施工队伍考核机制，强化抄核收管理工作，进一步加强施工现场规范和施工质量监督，实施有效的闭环管理。

【案例点评】

案例中，抢修人员语气生硬、解释不耐烦的情况，让客户无法感受真心实意地优质服务。同时，公司曾多次对智能电表换装工作提出要求并重点部署，公司上下对此项工作应严格按照要求和规范进行操作。但因个别单位过于强调任务重、时间紧、人手短缺等客观因素，导致在实际工作中存在对施工现场管理乏力、施工质量监督不到位、表计线路接错等现象，对公司服务形象造成负面影响，让客户感到"优质服务"仅仅是一句口号。该案例在这些方面具有较强的典型性。

➡ 案例二　上门抢修不规范　损坏物品未补救

【事件过程】

某供电公司抢修人员王某 15 时 30 分接到 95598 抢修派单电话，客户家中无电，疑是电表故障。抢修人员 16 时 20 分到达现场，看到电表黑屏后，就用力拍门。客户开门后抢修人员拿着工具进屋，随手把工具箱放在茶几上，告知客户电表因欠费停电，充值后插卡就有电了。客户表示不知道售电地址，抢修人员告诉拨打 95598 供电服务热线询问就可以了。抢修人员拿起工具准备离去，无意间碰坏了花瓶，客户没有要求赔偿，抢修人员说句"对不起"就走了。

【违规条款】

（1）《国家电网公司供电服务规范》第二十条规定："因天气等特殊原因造成故障较多，不能在规定时间内到达现场进行处理的，应向客户做好解释工作，并争取尽快安排抢修工作。"

（2）《国家电网公司供电服务规范》第十七条第三款规定："进入客户现场时，应主动出示工作证件，并进行自我介绍。进入居民室内时，应先按门铃或轻轻敲门，并主动出示工作证件，征得同意后，穿上鞋套方可入内。"

（3）《国家电网公司供电服务规范》第十七条第五款规定："到达客户现场工作时，应携带必备的工具和材料。工具、材料应摆放有序，严禁乱堆乱放。"

（4）《国家电网公司供电服务规范》第十七条第六款规定："如在工作中损坏了客户的原有设施，应尽量恢复原状或等价赔偿。"

（5）《国家电网公司供电服务规范》第四条第二款规定："真心实意为客户着想，尽量满足客户的合理要求。对客户的咨询、投诉等不推诿、不拒绝、不搪塞，及时、耐心、准确地给予解答。"

【暴露问题】

（1）抢修人员服务意识薄弱。当客户咨询售电地址时，在自己无法答复的情况下，不应让客户自行咨询 95598 供电服务热线。

（2）抢修人员工作服务规范执行不到位。因天气等特殊原因造成故障较多，不能在规定时间内到达现场进行处理的，应向客户做好解释工作，并争取尽快安排抢修工作。进入客户家里，没有先按门铃或轻轻敲门，也不应将工具随便乱放，损坏物品也没有进行赔偿。

【措施建议】

（1）抢修人员对于客户现场提出的问题应准确答复，若无法立即答复客户的，可留下客户联系电话，咨询后主动答复客户；或者现场帮助客户拨打 95598 供电服务热线进行咨询后，直接答复。

（2）加大对抢修工作的监督考核力度，督促抢修人员严格贯彻执行各项规章制度，严格遵守供电服务规范，根据抢修工单回复的抢修时限，对于违规行为进行原因分析、寻找解决的办法，降低违规事件的发生，提升优质服务水平。定期通报违规事件，并进行考核。

（3）加大对一线抢修人员的培训力度，针对与岗位相关的规范和规定，定期进行强调或者抽考，以供电服务为出发点，围绕客户需求，规范服务行为，坚决杜绝各种不良言行举止，不断提升供电服务规范化水平。

【案例点评】

品牌形象决定品牌价值，是企业的无形资产，推行优质服务、塑造良好品牌形象为供电公司增值是营销服务团队的首要任务。而供电公司的每一名员工都是企业的无形"名片"，供电公司的形象正是依靠众多普通职工的一言一行传递到大众面前、搭建在群众心中的。只有每位员工都时刻铭记这一点，慎言慎行为广大客户服好务、供好电，才能使国家电网品牌形象不断提升。本案例中，抢修人员连基本的人际交往礼仪都没做好，更何谈服务和提升品牌形象，提升团队素质、牢固树立服务意识仍然是当前重中之重的任务。

计量服务的具体内容是什么?

　　计量工作是为客户提供计量安装、更换、现场校验、计量故障、差错及异常处理等服务。

1. 计量工作的服务准则

　　（1）计量准确可靠。现场安装使用的计量器具须经计量检定机构检定合格，定期对运行电能计量装置进行现场检验和抽样检定。

　　（2）安装规范快捷。计量配置科学合理、工艺标准、接线正确、在承诺时限内装表接电。

　　（3）及时处理故障。建立快速反应机制，对计量装置损坏、故障及时进行抢修、更换；与客户沟通、协商做好退（补）电量工作。

　　（4）公正处理差错。及时调查、取证，依据国家及电力行业有关标准及规定，做好差错更正及解释工作。

　　（5）诚信处理质疑。当客户对计量准确性质疑时，主动引导客户进行简单判别，及时提供检定服务，并按规定做好电费退（补）和沟通解释工作。

2. 具体案例

➡ 案例一　校表流程不熟悉　业务技能需加强

【事件过程】

　　李先生因近期电费较高，怀疑电表计量存在问题，于 1 月 10 日 11 时 34 分拨打某供电所营业厅电话咨询如何进行电表校验。营业厅窗口人员 A 接听客户电话，并告知需提出校表申请交至供电所营业厅，供电所再派人现场拆表，最后由客户将电表送市质检局校验。李先生认为表计存在问题，还需自行去市质检局校验不合理，于是 11 时 45 分拨打 95598 电话咨询供电所人员回复是否正确。95598 客服专员核实到知识库内所备案的验表内容与营业厅工作人员答复内容存在不一致而引发投诉。

【违规条款】

（1）《国家电网公司供电服务规范》第四条第二款规定："真心实意为客户着想，尽量满足客户的合理要求。对客户的咨询、投诉等不推诿，不拒绝，不搪塞，及时、耐心、准确地给予解答。"

（2）《供电营业规则》第七十九条规定：用户认为供电企业装设的计费电能表不准时，有权向供电企业提出申请，在用户交付验表费后，供电企业应在七天内检验，并将检验结果通知用户。

（3）《国网四川省电力公司"掌上电力"APP 宣传推广工作方案》的"营业场所宣传推广"中提到："在客户办理业务或咨询查询时，业务受理人员要积极引导客户进行注册，在取得客户同意的情况下，应当场协助客户下载、注册并提交申请，工作人员主动留下联系电话，便于客户进一步咨询。"

【暴露问题】

（1）工作人员服务意识不强，未严格执行"首问负责制"，未及时进行客户跟踪服务。

（2）营业厅日常培训工作不到位，工作人员岗位业务技能欠缺。

（3）"掌上电力"APP 申请办理用电业务的客户侧推广工作，尚未在基层一线员工中入脑入心，导致不利于"掌上电力"APP 的宣传与推广。

（4）营业厅日常监督管理不到位，现场管理人员未及时发现服务隐患，未有效对营业厅现场工作情况进行监督和跟踪。

【措施建议】

（1）梳理 95598 知识库相关内容，确保营销、窗口人员对客户解释内容与知识库保持一致。

（2）加大宣贯"掌上电力"APP 业务办理，积极主动推广"掌上电力"APP。

（3）强化营业现场监督管理机制，管理人员应及时对日常工作进行监督和检查，及时消除服务隐患，着力提升窗口规范化管理水平和专业化管理能力。

【案例点评】

营业厅是展现供电企业服务形象的窗口，承担着树立供电企业良好服务形象的重任，任何一次疏忽大意都可能成为服务隐患。本案例充分说明部分工作人员业务技能欠缺，服务意识和风控意识不强，且"掌上电力"APP 申请办理用电业务的客户侧推广工作，尚未在营业窗口一线员工中入脑入心，不仅给客户带来不良感知，且影响公司的企业形象，还不利于"掌上电力"APP 的宣传与推广，具有较强的典型性。

➡ 案例二 表计轮换未告知 业务分析不到位

【事件过程】

客户王先生向 95598 供电服务热线反映：6 月份电量 625kWh 太高了，平常一般只有 200～300kWh，而且家里用电很稳定，没有增加电器，问是否抄错表了。座席人员引导客户到表箱处查看电表读数，经核对与 SG186 系统 6 月份抄表指数相符，于是让客户自查或再观察一个月看看，如果还有疑义可到供电营业厅申请校表。

客户王先生自查没问题后，就到营业厅申请校表，现场表计校验结果正常，客户十分不满，向当地 12315 进行投诉。

调查备注：SG186 系统中客户 4 月份电量 278kWh，5 月份电量 0 且抄表异常为换表；在 5 月份抄表日（10 日）前换表时未通知客户；换表流程于抄表日后 10 天才完成归档。

【违规条款】

（1）《国家电网公司供电服务规范》第四条第二款规定："真心实意为客户着想，尽量满足客户的合理要求。对客户的咨询、投诉等不推诿、不拒绝、不搪塞，及时、耐心、准确地给予解答。"

（2）《国家电网公司供电服务规范》第二十一条第一款规定："供电公司在新装、换装及现场校验后应对电能计量装置加封，并请客户在工作凭证上签章。如居民客户不在家，应以其他方式通知其电表底数。拆回的电能计量装置应在表库至少存放 1 个月，以便客户提出异议时进行复核。"

【暴露问题】

（1）座席人员业务水平有待于提高。只关注 6 月份电量，无法正确查询 SG186 系统中客户月用电量的变化情况，未发现换表流程滞后引发无法及时录入读数，无法正确判断客户电量突增的原因。

（2）装表人员没有按照规定做好换表工作的告知和拆表底数的确认工作，没有及时完成 SG186 系统中换表流程，造成抄表人员无法及时录入新表读数。

【措施建议】

（1）加强座席人员业务培训。针对客户电量突增问题，应进行不同情况的分析和判断，查找问题所在，引导客户进行校表一般都不能解决客户电量突增的问题；同时应加强轮换表等业务流程知识的学习。

（2）组织装表人员认真学习相关电力法规和电能计量管理规程知识，加强法律意识、责任意识和服务意识，正确做好换表工作的告知和电表底数的确认工作，确保客户的知情权。

【案例点评】

任何事物都有一定的生命周期，电表也不例外。及时更换，淘汰超过使用寿命的电表，是保证计量准确的重要措施。但表计轮换时，可能引起对当月电费计收的影响，应提前进行预判并采取相应的防控措施。本案中，电表轮换工作中，既未做好客户的通知工作，也没有做好流程的及时归档工作，导致客户电费出现异常，这种现象是日常工作中常常容易出现的小差错。差错虽小，却涉及千家万户，尽快解决问题刻不容缓。

二十七、 95598 服务的具体内容是什么？

95598 服务工作是全天 24h 电话受理客户故障报修、咨询查询、用电业务、投诉举报、意见建议等业务，主动通过电话（或短信、传真、网站等）发布服务信息。

1. 95598 服务准则

（1）电话接入便捷畅通。系统平台功能齐全，操作界面友好简洁，语音接入简化畅通，科学排班，合理配置座席，提高话务接通率。

（2）服务用语规范亲切。使用规范服务用语，提供普通话和方言服务（有条件的设立英语座席，广西电网公司有一个越南语座席）；态度亲切、语气诚恳、语音清晰、语速适中，尽量不用生僻电力专业术语。

（3）业务受理快速准确。专心聆听，详细记录客户诉求，核对确认客户信息，尊重理解客户意愿，准确判断客户需求，及时传递业务工单。

（4）沟通解释耐心细致。及时掌握服务信息，准确回答客户咨询，熟练运用沟通技巧，耐心做好客户解释工作。及时主动通过电话（短信、传真、网站等）发布服务信息。

（5）业务办理跟踪到位。跟踪督办下转工单，及时了解办理进度，按时答复处理结果，做到"事事有答复、件件有着落"。

（6）回访适时流程闭环。适时电话回访客户，征求客户评价意见，对业务工单实行闭环管理；关注客户反映热点，及时分析整理上报。

2. 具体案例

➤ **案例一 电器赔偿不合理，客户不满合情理**

【事件过程】

某日，95598 供电服务热线接到一个客户电话：

座席人员：您好，很高兴为您服务。

客户：小姐，有没有搞错啊，我出差半个月回来，结果家里电器全坏了。我的邻居说，昨天突然停电，很多人的电器都烧坏了。我说你们电网质量太差了，随便下点雨电网就跳闸，电器就烧坏，你们必须得赔偿。

座席人员：好的，我会通知工作人员进行调查。请问您的具体地址？

客户：某村 21 号。你们什么时候来？

座席人员：这两天会尽快过去。

客户：那么损坏的电器怎么处理？

座席人员：我们都会根据规定进行处理。

客户：能赔多少钱？

座席人员：若现场核实为供电公司责任的，6 个月以内全赔，超过 6 个月的，按照不同类型电器规定的使用年限折旧赔偿。如果使用年限超过规定了，或者说折旧后低于原价的 10%，就按原价的 10% 来赔偿。

客户：那你们这个年限怎么定的？

座席人员：电光源类的，比如电灯是 2 年；电子类的，比如充电器、录像机、电炒锅是 10 年；电阻类的，比如电饭煲是 5 年；电机类的，比如洗衣机、电视是 12 年。

客户：我们家有台电视是日本买回来的，怎么赔，告诉你我不要日币啊。

座席人员：你放心，我们是以人民币进行赔偿。

客户：汇率怎么算？

座席人员：按照央行提供的汇率来算。

客户：有没有搞错啊，现在人民币跌得那么厉害！你要跟你们的领导反映一下！

座席人员：抱歉，规定就是这样，我也没有办法。

客户：你们赔的钱，都不知道够不够我修那些电器。

座席人员：很抱歉，赔偿后那些电器是归供电公司所有。

客户：什么？我自己去修你们赔我修理费好了！我家的海尔热水器、冰箱等家电要到品牌指定维修点进行维修，否则不放心修理后的安全性能。

座席人员：不可以。按照我们的规定只能在供电公司指定的维修单位进行维修。

客户：怎么会这样，你们依据什么规定说用户不能自己处理的？我自己的东西要怎么处理还要你们同意。

座席人员：不好意思，我们的规定就是这样的。

客户：好吧，那就这样。

座席人员：祝您愉快，再见。

【违规条款】

（1）《居民用户家用电器损坏处理办法》第四条规定："供电公司在接到居民用户家用电器损坏投诉后，应在 24h 内派员赴现场进行调查、核实。"

（2）《居民用户家用电器损坏处理办法》第十二条规定："电阻电热类，如电饭煲、电热水器、电茶壶、电炒锅等使用寿命为 5 年。"

（3）《居民用户家用电器损坏处理办法》第十条规定："以外币购置的家用电器，按购置时国家外汇牌价折人民币计算其购置价，以人民币进行清偿。清偿后，损坏的家用电器归属供电公司所有。"

（4）《国家电网公司员工服务"十个不准"》第五条规定："不准违反首问负责制，推诿、搪塞、怠慢客户。"

（5）《国家电网公司供电服务规范》第四条第二款规定："真心实意为客户着想，尽量满足客户的合理要求。对客户的咨询、投诉等不推诿、不拒绝、不搪塞，及时、耐心、准确地给予解答。"

【暴露问题】

（1）座席人员业务不熟悉，对客户提出的家用电器损坏赔偿处理时限、电器使用年限、外汇换算等问题回答错误。

（2）责任公司执行《居民用户家用电器损坏处理办法》不到位，文件中第八条规定："损坏的家用电器可由供电公司指定或双方认可的单位进行检定修复"，供电公司则强制要求客户到其指定的维修点维修电器，没有考虑客户的合理要求。

【措施建议】

（1）加强座席人员的服务技能和相关法律法规及业务知识培训，做到理论联系实际，提升座席人员解决实际问题的能力。

（2）制定操作性强的居民用户家用电器损坏处理实施细则，明确理赔流程、各环节时限、维修方式、赔偿金支付等一系列问题。

【案例点评】

任何一个与供电服务相关的法规，都需要有到位的理解和执行，才能有效减少客户不满意事件的发生。本案例中，该供电公司执行法规不够到位，座席人员业务不熟，使得客户的合理诉求未能得到满足，企业的服务形象大打折扣。电器财产损坏赔偿事件虽少，但却关乎客户的利益。因此，针对不常见业务，应进一步加强流程梳理、业务知识培训，把客户服务在细微处做精做好，才能进一步提升客户对供电公司的认同。

→ 案例二　客户再三反映表不准　内部连环失误遭投诉

【事件过程】

2007 年 1 月 11 日，客户第一次拨打 95598 反映：去年 9 月，换表就一直没有电费产生，怀疑电表不走，而且偶尔还出现间歇性断电。座席代表建议客户先核查电表的底度，客户表示由于腿脚不便无法下楼查看电表，座席代表建议客户请其他人帮忙查看。1 月 14 日，客户第二次拨打 95598，再次反映他确认电表有问题，座席代表受理形成工单要求供电分局处理。1 月 15 日，客户第三次拨打 95598，对多次反映的电表不走问题一直没有得到处理表示不满。座席代表安抚了客户，向客户表示一定会催促相关部门马上处理，但由于该座席代表看到原工单虽然未处理但也未超期，所以没有再次形成工单催促。1 月 16 日，分局人员到现场校验，并回工单"已处理"。而座席人员看到回单后就把该工单归档，没有再次答复客户并征询意见。2 月 24 日，客户投诉到上级部门。经过后期调查，电表确实不走，客户投诉属实。

【违规条款】

（1）《国家电网公司供电服务规范》第十四条第九款规定："建立客户回访制度。对客户投诉，应 100%跟踪投诉受理全过程，5 天内答复。对故障报修，必要时在修复后及时进行回访，听取意见和建议。"

（2）《国家电网公司供电服务规范》第四条第二款规定："真心实意为客户着想，尽量满足客户的合理要求。对客户的咨询、投诉等推诿，不拒绝，不搪塞，及时、耐心、准确地给予解答。"

（3）《国家电网公司供电服务规范》第十七条第二款规定："到客户现场服务前，有必要且有条件的，应与客户预约时间，讲明工作内容和工作地点，请客户予以配合。"

【暴露问题】

（1）缺乏闭环管理。当后台简单答复"已处理"，没有及时回访客户处理情况如何，征询客户对处理情况的意见，使该事件失去闭环监控。

（2）95598 呼叫中心服务指挥调度和监督能力不足。座席代表对未超期的工单不敢再催促后台加速处理，说明有效的协调机制尚未形成。

（3）缺乏职业敏感性。在处理同一客户短时间内多次反映的同一问题时，缺乏必要的敏感性，没有真正从心里重视客户的反映、站在人文关怀的角度为客户解决问题，错过为企业挽回损失的两次机会。

（4）内部管理粗放。一是客户已联系 5 个月"零度表"，抄表员都没有及时反映异常；二是现场计量校验工作不规范，现场勘查后未与客户联系确认校验结果；三是对客户反映有用电但电表不走如此明显的计划异常问题，在现场校验后居然查不出问题，说明现场校验工作质量有待提高。

【案例点评】

所有的服务事件，一个细节接一个细节的错误造成的。如果抄表人员在连续抄到"零度表"后能够及时上报计量缺陷，如果座席代表在连续接到客户反映的同一问题后能有足够的敏感性从而加强对该工单的督办力度，如果勘查人员到达现场处理时能与客户联系认真了解实际情况，如果座席代表能够主动回访客户了解处理情况……，遗憾的是这些"如果"都没有发生。而且，当客户表示腿脚不便无法查看表底数时，座席代表仍然无动于衷，坚持让客户自行查看，说明对客户缺乏必要的关怀与爱心。本案例反映的问题症结归根结底还在于优质服务意识淡薄。如果真的把优质服务放在企业生命线的高度，就该怀着感恩之心来积极处理客户主动反映电表不走的问题，就不会一误再误导致客户投诉。

二十八、 客户停电服务的具体内容是什么？

客户停电服务负责客户停电协调、停电审批、停电通知、停电时间统计等工作，在保障电网安全的前提下，尽可能地方便客户，减少客户停电时间和次数，缩小停电范围。

1. 客户停电服务准则

（1）加强协调，严格审批。加强与相关部门及客户的沟通和协调，统筹安排，严格审批，减少重复停电，杜绝随意停电。

（2）提前通知，执行到位。严格按照各类停电工作规定的公示时间提前发布停电信息，确保停电信息传达到位。严格兑现公示的停送电时间和范围。

（3）数据真实，分析准确。全面真实准确统计客户停电时间，加强分析，为电网规划建设、生产运行、营销服务提供决策支持。

2. 具体案例

➡ **案例一 计划检修停电**

【事件过程】

某供电公司的检修计划中，安排了对某公司所在的某线路进行计划检修，时间为 6 月 15 日 7 时～18 时。该供电公司于 6 月 10 日在当地晚报上刊登了停电信息，并电话通知了该公司。该公司接到通知后，调整了生产计划，做好了停电准备。6 月 12 日，接政府保电通知，临时将检修计划延后 2 天进行。该供电公司采取了应急措施，将修改后的停电信息电话通知客户，但在通知的过程中，因当时电话占线，最终没有告知该公司。6 月 15 日，该公司安排了全厂休假，却发现线路并没有停电，拨打 95598 供电服务热线后才得知停电计划已经延期，非常不满，进行了投诉。

【违规条款】

（1）《国家电网公司供电服务"十项承诺"》第三条规定："供电设施计划检修停电，提前 7 天向社会公告。"

（2）《供电营业规则》第六十八条规定："因故需要中止供电时，供电企业应按下列要求事先通知用户或进行公告：① 因供电设施计划检修需要停电时，应提前 7 天通知用户或进行公告。② 因供电设施临时检修需要停止供电时，应当提前 24h 通知重要用户或进行公告。③ 发供电系统发生故障需要停电、限电或者计划限、停电时，供电企业应按确定的限电序位进行停电或限电。但限电序位应事前公告用户。"

（3）《电力供应与使用条例》第二十八条规定："在发电、供电系统正常运行的情况下，供电企业应当连续向用户供电；因故需要停止供电时，应当按照下列要求事先通知用户或者进行公告：① 因供电设施计划检修需要停电时，供电企业应当提前 7 天通知用户或者进行公告。② 因供电设施临时检修需要停止供电时，供电企业应当提前 24h 通知重要用户。③ 因发电、供电系统发生故障需要停电、限电时，供电企业应当按照事先确定的限电序位进行停电或者限电。引起停电或者限电的原因消除后，供电企业应当尽快恢复供电。"

【暴露问题】

（1） 部分工作人员责任心不强，工作不认真，造成计划检修停电遗漏通知客户现象的发生。

（2） 停电通知客户的管理制度不严密，流程不完善，缺少审核监督环节，致使停电计划变更信息遗漏通知客户现象未被及时发现和纠正。

【措施建议】

（1） 按照"四不放过"原则，认真分析问题、产生的主要原因和根源，查找是否还存在类似问题，汲取教训，举一反三，防止类似事件的再次发生。

（2） 进一步提升服务人员服务意识和责任意识，完善停限电管理制度与工作流程，强化工作质量监督与考核。

➡ 案例二 专线停电未协商 重要客户不满意

【事件过程】

某供电局计划于 4 月 30 日 7 时 00 分~18 时 00 分对某 110kV 变电站 I 段母线进行停电改造,停电范围涉及专线供电客户某电子厂,为便于客户提早做好生产准备,供电局提前七天将停电信息电话告知该电子厂,该厂接到停电通知后,立即向供电公司报告,近期是生产旺季,4 月 30 日,要生产最后一批出口订单,能否将停电时间推迟一天,即 5 月 1 日。该厂代表同时拨打 95598 供电服务热线说明情况,要求推迟停电时间。95598 座席人员安抚了客户的情绪,立即咨询相关部门,调度部门反馈信息各项停电工作已按 4 月 30 日准备,停电时间无法更改。95598 座席人员及时将此信息告知该客户,该客户对此行为感到不满。

【违规条款】

(1)《国家电网公司供电服务规范》第二章第四条第(二)款规定:"真心实意为客户着想,尽量满足客户的合理要求。对客户的咨询、投诉等不推诿、不拒绝、不搪塞,及时、耐心、准确地给予解答。"

(2)《国家电网公司供电服务质量标准》6.20 条规定:"对专线进行计划停电,应与客户进行协商,并按协商结果执行。"

【暴露问题】

专线客户协商停电机制有待于健全。对于专线供电客户只按照《国家电网公司供电服务"十项承诺"》提前 7 天进行公告,而没有进一步根据《国家电网公司供电服务质量标准》与客户协商停电时间,停电通知的管理制度不严,流程不完善,缺少专线客户停电全过程管理,致使专线客户提出的合理要求无法实现。

【措施建议】

(1)制定专线客户停电协商管理规定。从制度上保证专线客户协商制得到落实,应尽量满足专线客户的合理要求,提高客户满意度。

(2)建立完善的协商告知和管理流程。遇到专线客户停电,调度部门应提前传递信息,多部门协同,明确责任主体,确保信息畅通,做好客户告知工作，满足客户需求。

【案例点评】

开展计划检修是供电公司保障电网安全的一项重要工作。而满足客户的用电需求，则是供电服务不懈追求的工作目标。虽然受到一些客观条件的制约，这一目标的落实并非十全十美，但只要站在客户角度，创造性地开展工作，问题终将会得到妥善解决。本案例中，客户提出更改检修时间并非不合理要求，其实只要相关工作人员服务意识稍有提升，就一定会认识到为客户提供停电协商机制是供电服务的一个巨大进步，是供电公司应该做的一个有益尝试，那么客户需求很可能就会得到满意答复了。

二十九、 有序用电服务的具体内容是什么？

有序用电又叫错峰用电，分为自觉错峰、客户强制错峰和线路强制错峰。特点：限电不拉路，错峰不减产。

1. 有序用电服务准则

（1）把握趋势，判断准确：全面了解和把握社会用电、电力发展趋势，准确判断市场供需形势，电力电量缺口，完善预警机制，实现用电负荷"看得见，分得开，控得住"。

（2）方案合理，有保有限：按规定产业政策和有关规定，制定科学、合理、有序、精确的用电方案；实施方案时，做到"有保有限、区别对待"，实现"保民生、保重点、保稳定、保增长"。

（3）积极引导，降低影响：及时发布电力供需信息，做好错避峰用电宣传，积极引导和鼓励企业自行调整生产时间，减少峰期用电时间，增加平段和谷期的用电时间，实现"错峰不减产"。

（4）技术可靠，用电可靠：可靠营销技术进步，采用先进技术手段，提升需求侧负荷控制水平和能力、实现对用电负荷的"看得见、分得开、控得住"。

2. 具体案例

➡ 案例一　电力职工坚守一线　确保安全有序用电

【事件过程】

"我们时刻保持'有求必应'"尽管是国庆长假，某供电所员工小王却和同事们坚守在工作岗位上，只要用户一个电话，就会在最短的时间内赶到现场。

10 月 4 日，小王和同事在所在地几家小微企业巡视线路。"我对他们很满意。"一家生产绒线衫原料厂的老板，一看到身穿制服的电力工作人员，立刻竖起了大拇指。"从来不无故停电，一点儿也不影响生产。"老板说，自家的生产机器 24h 都在开工，电力保障非常到位，"哪怕是改造线路，也会提前通知，每次时间都很短，工人都不需要放假的。"

当地小微企业众多，其辖区内就有近 2000 家。这些"作坊"在国庆期间可以确保安全有序用电吗？小王给出了肯定的答案，"天气转凉后，负荷已经下降了，特别是近年来一直在改造线路，现在完全满足企业的实际用电需求了。"

当地又是远近闻名的大闸蟹生产基地，对用电的要求非常高。原来，为了提高螃蟹的存活率和亩产量，水塘里面都加了"增氧泵"，气温一旦发生变化，就需要及时通过它来为螃蟹进行"人工呼吸"。村书记介绍说，前几年夏天比较热，农户们都上马使用"增氧泵"，结果负荷太高，变压器烧坏了好几次，螃蟹的存活率不高。

"现在好了，几乎每个池塘边上都有了变压器。"村民激动地说，用电稳定后，螃蟹的亩产量翻了一倍多，存活率超过了 80%，甚至达到了 90%，这是实实在在的收益啊。

【取得效果】

据了解，该供电所已经为水产养殖片区新上或增容大功率变压器 24 台，同时改造 34 台变压器的线路，更换 689 支电杆……连日来，供电所的工作人员又到池塘边开展线路检修，尤其是了解实际用电需求，这让广大农户很是兴奋。原来，他们正在尝试蟹虾混养，一旦电力有了保障，一年就可以加获 2 季河虾，能够给农民们增加 4000 多元的收入，而电力方面的优质服务给他们带来极大的希望。

任何时候，有序用电当首保民生，这是电力工作的底线。供电部门一切以民生为最大，在电力供应紧缺矛盾之时，坚持"让电于民"的原野，首先当确保居民生活、医院、学校等民生用电，为社会创造福利，为老百姓带来光明，树立"可靠、可依赖"的责任央企形象。

案例二　保障供电有失职 亡羊补牢难挽回

【事件过程】

某市在 5 月 28～29 日有重要会议活动，该市供电局负责会议期间的保供电服务工作。某大学会议室为此次活动临时新增的分会场负责举办一个交流活动，会议时间计划为 5 月 28 日 15～17 时。

5 月 28 日 16 时 05 分，某大学客户拨打 95598 供电服务热线："你们供电局负责保供电人员在哪里，刚才来这里巡视了下就走了，现在这里突然停电了，会场里乱成一团了，你说怎么办？" 95598 座席人员安抚道："您别着急，我们马上派人去查看。"在详细询问故障情况后，马上联系调度和抢修部门，调度部门反馈该处本应安排有保供电值班人员，联系值班人员后发现，因为此次活动需要保供电点比较多，此处分会场和另一处主要会场临近，两个保供电点为同一组人员负责，而值班人员此刻在另一处地点驻守，现正往该大学保供电点赶去，同时也已经派出应急抢修人员前往现场查看。

16 时 36 分抢修人员反馈，他们与保供电值班人员都已到达现场，经查是用户内部线路故障引起停电，同时该处没有配备 UPS 不间断电源，虽有自备电源，但由于该客户值班电工技术不足，没能迅速倒闸恢复电源，现在经过供电局工作人员的及时处理已经恢复供电了。17 时 06 分该客户怒气冲冲地再次拨打 95598 供电服务热线："我要投诉你们。" 95598 座席人员反问道："那停电故障我们的人员不是已经解决了吗？"该客户接着抱怨道："你们不要以为恢复供电就没事了，而且你们来的工作人员还说此次停电都是我们内部线路造成的，但是我看这次停电责任完全在于你们，为什么之前你们来人巡查时没有发现问题呢？为什么负责保供电的值班人员没有在现场？是不是你们没有收钱就不能提供服务呀？我告诉你这个事没完，给我们造成的恶劣影响我们将向市里有关部门反映"，随后挂断了电话。

【违规条款】

（1）《国家电网公司供电服务规范》第三十一条规定："对客户投诉，无论责任归于何方，都应积极、热情、认真进行处理，不得在处理过程中发生内部推诿、搪塞或敷衍了事的情况。"

（2）《用电检查管理办法》第十九条规定："经现场检查确认用户的设备状况、电工作业行为、运行管理等方面有不符合安全规定的，或者在电力使用上有明显违反国家有关规定的，用电检查人员应开具'用电检查结果通知书'一式两份，一份送达用户并由用户代表签收，一份存档备查。"

【暴露问题】

（1）保供电服务保障机制不健全。没有相应细化的保供电执行标准，没有认真做好保电服务工作，未严格重视客户需求，未充分考虑到保供电期间短时停电可能产生的社会影响！导致提供给该客户的保供电方案不合理，没有指派专人值班坚守，任务安排存在不足。

（2）抢修人员服务意识不强。当客户的要求与政策、法律、法规及本企业制度相悖时，只是简单告知，没有向客户耐心解释，争取客户理解，做到有理有节。

（3）95598座席人员的服务技巧、应对疑难案例的处理能力有待提高。对客户投诉没有积极处理应对，而是随意回复。

【措施建议】

（1）修订、细化保供电相关标准规定，并根据相应标准，结合实际情况修订各种应急预案。加强保供电过程管理工作，建立有效的评价奖惩机制，确保各类重大政治、经济、文化活动及法定节假日的安全可靠供电，提升优质服务水平。

（2）规范抢修人员现场答复客户，提高现场服务人员服务意识。一线抢修人员应从换位思考角度出发，主动告知以免客户误解，同时应避免由于与客户解释中言语使用不当而引发的客户投诉。

（3）95598服务人员应加强服务技能、沟通技巧的培训。从客户角度出发来处理问题，避免与客户发生正面冲突，避免事态扩大，造成社会不良影响。若感觉客户有向上投诉的意图，应及时向主管汇报，做好事后应急措施。

【案例点评】

保供电工作是近几年来供电公司更好地履行社会责任推出的一项重要的优质服务举措，但在本案例中却发生了"优质服务反被投诉"的现象。从表面上看，是客户不够通情达理，对供电公司过分苛责。但是，如果认真、冷静地想一想，其实这个投诉事件是本可以避免的，如果预案制定得更细致一些，如果用电检查人员安全检查再认真一些，如果故障处理人员沟通技巧能更强一些……

三十、 供电服务投诉的具体内容是什么？

供电服务投诉是指公司经营区域内（含控股、代管营业区）的电力客户，在供电服务、营业业务、停送电、供电质量、电网建设等方面，对由于供电企业责任导致其权益受损表达不满，要求维护其权益而提出的诉求业务（简称客户投诉）。

1. 客户投诉分类

（1）服务投诉指供电企业员工服务行为不规范，公司服务渠道不畅通、不便捷等引发的客户投诉，主要包括员工服务态度、服务行为规范（不含抢修、施工行为）、窗口营业时间、服务项目、服务设施、公司网站管理等方面。

（2）营业投诉指供电企业在处理具体营业业务过程中存在工作超时限、疏忽、差错等引发的客户投诉，主要包括业扩报装、用电变更、抄表催费、电费电价、电能计量、业务收费等方面。

（3）停送电投诉指供电企业在停送电管理、现场抢修服务等过程中发生服务差错引发的客户投诉，主要包括停送电信息公告、停电计划执行、抢修质量（含抢修行为）、增值服务等方面。

（4）供电质量投诉指供电企业向客户输送的电能长期存在电压偏差、频率偏差、电压不平衡、电压波动或闪变等供电质量问题，影响客户正常生产生活秩序引发的客户投诉，主要包括电压质量、供电频率、供电可靠性等方面。

（5）电网建设投诉指供电企业在电网建设（含施工行为）过程中存在供电设施改造不彻底、电力施工不规范等问题引发的客户投诉，主要包括输配电供电设施安全、电力施工行为、供电能力、农网改造、施工人员服务态度及规范等方面。

2. 具体案例

➡ 案例一 短信取消不成功 客户不便引投诉

【事件过程】

经查，投诉人实际用电地址为某乡某村，属市供电所辖区客户。7月28日，因收到非本人户号电力短信（某户号，属某客户服务中心辖区），便致电95598要求取消。市供电所工作人员接到客户意见工单后，因未查询到该户号的档案信息，便指导客户采取回复"N"的方式取消了短信接收。8月29日，客户因仍然收到该户号短信，拨打95598引发投诉。综上，客户投诉情况属实。

【违规条款】

（1）《国家电网公司供电服务规范》第四条第五款规定："熟知本岗位的业务知识和相关技能，岗位操作规范、熟练，具有合格的专业技术水平。"

（2）《国家电网公司95598客户服务业务管理办法》释义第二十五条第四款规定："处理部门回复工单时，应做到规范、全面、真实。"

【暴露问题】

（1）岗位技能欠缺，操作流程不规范。本案例中，供电所人员未能正确引导客户取消错发电力短信，未能准确操作SG186系统及时查询客户档案信息，导致客户诉求不能得到及时有效处理，均反映出工作人员业务技能及操作技能的欠缺。

（2）日常培训工作不到位。供电所人员针对短信业务的错误处理方式随性大，暴露出日常培训实效差，建议加强对相关业务知识及文件精神的宣贯和学习，避免工作人员对政策文件执行存在偏差，导致业务工作开展不到位。

（3）95598业务工单回复不严谨。未能严格按照工单处理真实情况回复工单，正确、准确的呈现客观事实，反映出供电所班组管理存在不足，工作严谨性有待进一步加强。

（4）投诉处理"四不放过"原则执行不到位。地市公司未针对事件的薄弱环节提出切实可行的整改措施，且未对相关责任人考核落实到位。

【措施建议】

（1）进一步强化岗位技能的学习。促使服务人员深刻理解本岗位工作职责及服务规范。

（2）加大日常培训力度。应加强对新业务的重点宣贯和专项培训，并对培训成果进行不定期检验，切实提高服务人员业务技能和服务水平。

（3）加强 95598 工单回复填写规范性。地市公司业务处理部门应确保工单回复真实、正确、规范，客观准确地填写处理情况。

（4）加强投诉业务的学习和理解。提高投诉工单的回单质量，完善相关责任人得考核机制，确保投诉处理"四不放过"原则落实到位。

【案例点评】

根据 2017 年国家电网有限公司营销对标考核规则，环节处理问题作为二类服务不规范投诉，其投诉量将会直接影响省公司指标表现。本案例中，工作人员缺乏基本岗位技能和操作规范，导致客户诉求未得到及时有效处理，进而升级为投诉。同时，基层单位培训工作不到位及监管不力也是引发此次投诉的重要原因。这在服务工作中具有极强的典型性和警示性，供电公司应引起高度重视，有效杜绝此类问题。

→ **案例二　网上购电未开通　工作疏忽引投诉**

【事件过程】

投诉人属某供电所供区客户，实际于 1 月 29 日申请网上交费开通，直到 3 月 4 日仍未开通，于是客户拨打 95598 投诉电话。经 SG186 营销系统核实，地市工作人员刘某在 2 月 3 日接单后，交由"掌上电力"APP 处理人唐某处理，但因唐某工作疏忽且未明确安排其他工作人员推进后续流程，导致该工单未及时处理。从 1 月 29 日工单受理到 3 月 6 日处理完毕归档，确实存在超过 15 个工作日为其开通的承诺时限。

【违规条款】

《国家电网有限公司供电服务规范》第四条第五款规定："熟知本岗位的业务知识和相关技能，岗位操作规范、熟练，具有合格的专业技术水平。"

【暴露问题】

（1）供电所未严格按照对外承诺的期限为客户开通网上交费业务，对超期工单未及时进行清理、督办，未有效发现工作中存在的服务隐患。

（2）供电公司未建立完善的业务流程和管控机制，业务流转不顺畅，业务过程无管控。

（3）供电公司对责任人的考核不到位，处罚避重就轻。

【措施建议】

（1）进一步完善服务流程，严格按照服务时限和对外承诺妥善处理客户问题，建立全环节监控跟踪机制。

（2）强化员工岗位专业技能和工作责任心，及时梳理工作中存在的隐患，确保做到准确实施开通、及时发现隐患、果断处理问题。

【案例点评】

本案例中，基层工作人员发生了在 1 个多月的时间内既未处理客户申请，也未将办理情况及时反馈给客户的较为严重的服务问题。一方面，暴露出工作人员自身责任心比较欠缺，且对有关业务的办理规定执行严重走样。另一方面，也反映出在当前公司系统要求大力推广"掌上电力"APP 应用的情况下，个别地市公司日常工作中对该类业务流程的办理和推进仍然存在处理不及时，流程不闭环、管理不规范等问题。表现在此案例中的就是地市公司在节后未及时对春节期间的所有线上业务办理情况予以梳理，间接造成本次线上服务办理脱节而引发投诉。